大展好書 好書大展

大展好書 好書大展

超現實心靈講座
15

神通力的秘密

中岡俊哉／著
許 愫 纓／譯

大展出版社有限公司
DAH-JAAN PUBLISHING CO., LTD.

序言　沉睡在體內的神通力

使自己的能力開花

也許你聽過「神通力」這名稱吧！神通力就是「任何事情都能心想事成的靈妙力」（廣辭苑）。

甚麼是「任何事都能心想事成」呢？通常不論我們在學習、工作或運動，由經驗得知是需要集中力的。

就某種目的而言，藉著精神集中，就能夠發揮連自己都感到驚訝的力量，相信很多人都有這種體驗。不知不覺中，自己所隱藏的神秘力量會表現出來，而產生令人難以置信的行為。這就是你的潛在能力，再加上「靈妙」力所造成的。

「能夠洞燭機先」、「覺得這問題在考試時會出現」、「採取這奇妙的預感」、「能夠了解人心」、「擁有不可思議的體驗」、「能夠心想事成」等統稱為神通力。在我們的日常生活中，相信各位都有類似的經驗（不論是意識到或沒意識到）。

本書簡單明瞭地為各位解說神通力，同時敘述如何才能開發與提高這種能力。

自古以來，國內就有人藉著各種行為想要提高神通力。即使在現在如靈能者、超能力者的稱呼各有不同，但是能力高的人很多。他們只有一個目的，就是提高自己的能力，給予人類幸福和愛。

要忍受嚴格的修行，鍛鍊自己的肉體和精神，同時使感到迷惘的人能夠得到安寧。

據我所知，歷史上的最高能力者就是役小角。各位也許不曾聽過這名字，役小角別名役行者。直到現在，有關他這號人物，仍有很多不明白的部分。即使在現在的日本史上，仍是第一級謎樣人物。

第一章中會為各位敘述詳情，總之，他的能力大致可分為六種，稱為「六神通」。透過修行而學會六種神通力，並且當成秘法傳給弟子。

所謂六神通是指以下六種能力。

一、天眼通……能夠看到千里之外的力量。
二、天耳通……遠處說話人的聲音都聽得到的力量。
三、他心通……了解他人心意的力量。
四、宿命通……能看到前世的力量。
五、神足通……能自由來去靈界和神界的力量。
六、漏盡通……可以使自己的身體到任何地方的力量。

六神通的詳情將在第三章中為各位敘述。先前也說過，不論任何人都具有這種潛在的能力。

「這一點我辦不到。」希望你不要這麼想，在此所列舉的能力，都是能夠把這些能力發揮到最高極限的情形。我再說一次，每個人都隱藏著這種力量。至少要相信自己的能力且進行訓練，就能夠使隱藏的力量開花結果。

把這些力量應用在工作或學習中，就能夠改變自己的人生，發現另一個自己。這就是本書的目的。

我和役小角

我清楚地意識到役小角是在五歲時。當時正值孩提時代，所以聽起經和真言來，都有如搖籃曲一般。

一位名為瀨野市太郎的修驗道行者，告訴我有關役小角的事情。他是我母親的養父，全家人都是修驗道的行者。

年紀幼小的我，每天都從行者那兒聽說役小角是甚麼樣的人，具有何種偉大的力量。看他們在內庭中模仿「行」的樣子。他們親自教導我「行」的做法，一個月會有一、二次帶我到寺廟去參拜小角。長期住宿在木曾和御岳山的行場，對我而言，在孩提時代是很難忍受的事。猶記得當時我怕得發抖，但是卻不覺得痛苦。我就是以「門前的小和尚背誦不懂的經」的方式，去背誦很困難的經。

這些幼小時代的體驗成為潛在意識，所以役小角和修驗道的事，深深地烙印在我的腦海中，成為鮮明的印象。

尤其現在研究和執筆時，能夠了解密教和修驗道的密切關係。因此，對我而言，「學會」這一切是非常重要的一點。

我從京都嵯峨野大覺寺的已故味岡門跡那兒，學會了很多關於密教和修驗道的事情。現在能夠寫役小角，也是拜味岡門跡之賜。

我下定決心要寫關於祖父桃中軒雲右衛門傳記，而蒐集資料加以整理時，發現了一張照片。那是祖父穿著『大教正』正裝的姿態，令我啞然失笑。

這正裝是只有神官或修驗道者高位者才有的裝扮。但是，這高位究竟是從何處得到的，至今我仍不知道。

我想瀨野家與祖父應該有密切的關係。祖父也曾好幾次參拜權現，因此我想可能是從那兒得到的吧！

在我的記憶中，瀨野市太郎也是高位高官的姿態，和祖父的正裝相同。

我並不覺得奇怪。因為從小就在修驗者家中長大，戰後由陌生的中國道教導師為我取了名字，現在則進行研究與執筆。

自小我的腦海中便浮現著役小角的嚴格修行，因此，從事目前的工作對我而言就好像是「三歲孩子能知百歲魂」的例子一樣。

小時候的教養對我影響深遠。雖然並非實行役小角的嚴格行法，
但是我卻經常警惕自我。

中岡俊哉

我的祖父桃中軒雲右衛門，這正
裝是神官授給修驗道者的高位者

目錄

序言　沈睡在體內的神通力
使自己的能力開花……三
我和役小角……六
第一章　何謂役小角的「六神通」
與誕生有關的奇妙事件……一六
瀰漫著香氣，以大人的哭聲出生……一七
從小開始學佛……一九
十六歲領悟佛教的真髓……二〇
預言未來吉凶的男子……二三
教導弟子修驗道的十項基本條件……二四
直到五十六億七千萬年為止咒縛似無法解除……二六

「小角被捉」……二八
流放至伊豆・大島……三二
小角無罪釋放之日……三四
人類是經常苦惱的存在……三六
小角教導的六神通根本秘法……三八
六神通的目的爲何……四二

第二章　鍛鍊神通力的方法

⊙初級篇……四八
(A)呼吸法……四八
(B)坐禪法……四九
(C)山中法……五三
⊙高級篇……五六
潛在能力的開發訓練法……五九
開發潛在能力的體操法①……六三
開發潛在能力的體操法②……六五

水行訓練法……六七
殘像訓練法……六八

第三章　六神通的領悟法

五指感知法……七二
手指動態所顯示的六神通力量……七四
了解運的五指感知法……七五
第一—天眼通……八〇
卡片利用法……八一
空盒利用法……八四
第二—天耳通……八六
利用秒針的訓練法……八七
聽蓮花開花法……八八
利用佛壇鈴的聲音……八九
第三—他心通……九〇
利用朋友法……九一

阿波茲法……九二
送畫法……九四
第四—宿命運……九七
照片使用法……九九
第五　神足通……一〇一
使用百合花瓣法……一〇三
使用香灰的方法……一〇三
使用椿樹皮的方法……一〇四
第六　漏盡通……一〇五

第四章　具有神通力的現代靈能者

真正有力量的人非常謙虛……一一〇
①北條靈峰……一一二
②宮坂吉見……一一八
③明王院寂照……一二四
④長濱裕教……一二九

⑤多田吉爾塞……………………………………一三二
⑥安達廣呂子……………………………………一三六

第五章　將災難改變為幸運的做法

自古流傳下來的秘法……………………………一四八
到青木原蒐集資料時的不舒服體驗……………一四九
具有色情因果靈障的妻子………………………一五一
照片上的舊靈體…………………………………一五三
憂鬱的性格得以矯正……………………………一五五
「長期以來煩惱的我該如何是好呢？」………一五六
殺害男性的魔性…………………………………一五七
有人在耳邊耳語…………………………………一五九
靠自己的力量解決的方法………………………一六一
二個月前被車子輾死的男性……………………一六三
祖先供養的方法出了問題………………………一六五

第一章　何謂役小角的「六神通」

——現在受到重新評價的歷史上具有最高力量的男子

與誕生有關的奇妙事件

役小角是葛城山與大峰山所圍繞的大和國（奈良、和歌山兩縣地方的葛城、茅原豪族），高賀茂間賀介與白專女之子，在西元六三三年，也就是距今一三六〇年前出生的。

關於小角的出生年、月、日有各種記述，真實情況不明，但是根據少數文獻的記則是六三三年。

關於神童、小角的出生，有一些不可思議的傳聞。由以下軼事就可以知道小角這人物非比尋常。

在小角出生的十個月前，母親白專女做了一個奇怪的夢，然而是夢是幻卻不得而知。有一天晚上，在燦爛的星空下，看到金杵綻放著光芒落下。結果白專女不禁張開了嘴巴，大杵就被吸入她的口中了。

到底這是否事實不得而知，是夢是幻也不得而知，但是白專女體驗到了這神奇的現象。她因爲這麼奇妙的事情而感到警訝，等到天亮以後把這現象告訴父親，想要請父親判斷是吉是凶，是好事或壞事。但是卻無法找出明確的答案。大家都不禁猜測這不可思議的現象。

後來，父親認爲夢中出現金杵可能是異國的神器。白專女也認爲可能是如此吧！這件事情就此不了了之了。

但是，白專女從以前到寺廟去參拜時，覺得擱置在那兒的神器中，有和她所夢見的一模一樣的東西。

也許這是非常嚴重的事也說不定……，神器從天而降進入她的口中，這絕對非比尋常……。

瀰漫著香氣，以大人的哭聲出生

白專女覺得這現象很不可思議，感到很擔心，於是請教叔父夢中的事情。叔父則認爲可能是獨股杵，即表示獨一法身，即佛教中的大日如來，以神而言就是天御中主大神，以人界而言，就是相當於國王所具有的尊貴神器。

這神器宿於白專女的胎內，絕對是非比尋常的事情。這是吉夢，不需要擔心，這是叔父的說明。

白專女終於生下如玉一般的男孩，但卻是個很奇怪的男孩。爲甚麼呢？因爲在出生的同時，家中瀰漫著香味，而且他的哭聲並不像一般嬰兒的哭聲，卻有如大人一般的哭泣聲。

看到這種情形的人，都揣測可能白專女生下的是妖怪。白專女卻想到十個月前所做的奇怪的夢，而現在實際上又出現這種不可思議的奇態，她認爲這是有連續性的事情。包括家人在內，周圍的人都戰戰兢兢地想要把他丟掉。

爲人母者儘管很捨不得愛子，但是因爲看見了很多奇怪的狀況，因此還是下定決心要把他丟掉。

於是，白專女把這孩子丟棄在葛城山的原野上。

但是不可思議的是，丟棄的嬰兒不餵他吃奶，他卻泰然自若地度過了七天，一點都不覺得飢餓。

況且所丟掉的地方是荒野，也沒有被狗咬或被狼吃掉。在嚴寒中並沒有受到寒氣冰凍，臉上時時露出了笑容。

從遠處觀察時，天上降下了紫雲，好像慈母陪睡在側一般地包住嬰兒守護著他。

因爲太不可思議了，因此白專女領悟到自己實在太淺薄，後悔地把嬰兒帶回家中好好地撫養。

自出生起，神童小角各方面都與一般的孩子不同。

從小開始學佛

出生時非常神奇的小角，在五歲時就能夠無礙地閱讀釋迦牟尼如來的梵字。六歲時自己取名爲小角。在此之前父母親爲他取名爲金杵麿，而他自己卻提出要命名爲小角。

在許多流傳下來的役小角的記述中，記載著小角在八歲時進入奈良都的官學，主要學習中國文學和儒學，而且聞一知十，非常聰明。小角的生活是嚴謹的信仰生活，所拜的是不動明王，所唸的是慈救咒。

好學的小角學習佛教，拜在高僧的門下請益。高僧見小角好學心很强，因此告訴他佛教的道理。佛法有八萬二千十二部經，當然一、二天內不能說明本意，而大意就是慈心遍佈的教誨，是告知世人要推廣佛無限慈悲，創建一個沒有紛爭的樂土的宗教。

高僧認爲佛教有聖道門與淨土門二種。聖道門的和尚以自己的力量淨化自己，同時也必須爲了淨化世間而進行苦行。舉出具體的例子來教導幼小的小角。

小角不只學習儒學、佛學，也學習神道，拜在中臣鎌足的門下學習神道的真髓。

小角十六歲的春天，跟隨伯父修行，加深造詣。在學習中對於小角有深遠影響的有幾點。

佛教悟道的真諦爲四諦十二因緣。四諦即苦諦、集諦、滅諦、道諦，是佛教的骨格。四諦是指永遠不變的真實，苦諦則是指佛教獨特的人生觀，認爲這世界是苦的世界。而決定這一點的就是集諦。人世間有許多的苦就是因爲人類有愛慾、業障等所造成的，不斷地流轉而構成了人生。

如果人類要脫離苦，就必須要斬斷一切煩惱，進入諦的世界中。這諦就是滅諦，因此，爲了得到滅諦，必須要大勇斷。道諦即指爲了消除苦滅而必須依賴的八個正確修行方法。

爲了達到領悟的境界，必須要捨棄所喜歡的家與父母親，甚至必須當乞丐。

修行時，小角學會了這些事情。

十六歲領悟佛教的眞髓

修行時，也了解了十二因緣。

十二因緣即三界（慾界、色界、無色界），迷惘的原因與結果分十二項來說明，佛教將之分爲無明、行、識、名色、六處、觸、受、愛、取、有、生、老死。

所謂「無明」爲甚麼都不知道，是迷惘的根本。「行」即由甚麼都不知道的無明中，

學習儒學、佛教、神道，忍耐人間業這種難以想像的修行（茅原山、吉祥草寺的行者像）

變成知道一些而產生無明的作用。「識」即指意識到事物。「名色」即心法。心沒有大、小與形等區分，只是心，因此稱爲名。色即色法，有形但不具備六根，只有聲與意。因此名色即不具備六根，爲眼、耳、鼻、舌、身、意，有名而無形的心稱爲形體。

「六處」即眼、耳、鼻、舌、身五官與意（心），「觸」即接觸事物，「受」是指感受到來自外界所受的苦樂，「愛」爲避苦求樂，「取」爲擁有自己所想要的東西，「有」即業，是人類未來的結果。

此外，還有善有善報、惡有惡報的意義。「生、老、死」爲指人類從生到死的一切。但是要了解這十二因緣，有的是瞬間即會知道，有的是要三世才會知道。後者又分爲二種，即要知道過去與現在的因果或知道現在與將來。

小角把這些修行當成是踏入佛教的第一步。十六歲學習佛教之道的小角，當然不可能完全了解。但是這麼困難的佛教教義，小角到底了解了多少，只要看小角以後的行動，就能夠了解到，如果不是神童，根本無法了解，也無法學會。

很多的佛教者雖然學習四諦十二因緣，但是要實行卻要花很多的歲月，非常地辛苦。然而神童小角在弱冠十六歲時，就學會了佛教的真髓。

預言未來吉凶的男子

役小角的修行非常嚴格。白天在瀑布上唸孔雀明王的咒語，夜晚在瀑布下唸不動明王的咒語，一天三次絶不怠惰，用山花或谷水來供養。然後出現童子，幫助役小角。

許多善男信女競相來到役小角處，即使有疑難雜症，只要用役小角的符咒就能夠治好。

役小角能在事前察知未來的吉凶，乘雲飛至空中去除狂亂的瀑布之水，進行適當的處理。

役小角厲行八十餘天的行，結束以後，發生了一件對役小角而言具有很大作用的事情：來自朝鮮的一位佛教學者拜訪役小角。這位男子是稱爲義覺的五大山伏的帶頭者。

義覺輕視役小角是個小和尚，因此想要在他面前吹噓一番。當時二十六歲的役小角，以銳利的眼光看著義覺說：「敬請賜教。」

役小角和義覺對於道教、佛教等許多的事情展開了激烈的辯論。義覺對於精通一切的役小角甘拜下風。

義覺平身低頭時，請求成爲役小角的弟子。後來義覺在修驗道史上留下偉大的業績，同時義元、連廣足等人也成爲役小角的弟子。

役小角的選擇會湧出芳香靈水之地，傳授弟子義覺「深山灌頂」。

教導弟子修驗道的十項基本精神

同時，役小角也教導弟子修驗道的基本精神，稱爲十界。

第一是地獄行，在修驗道稱爲業秤，即在修行既定的法中，測量過去所犯罪業量的修行。

這方法就是吊起修行者一邊的肉體，另一邊吊在靈岩上秤罪和信的現在量。當信薄時，一邊的靈岩會失去平衡而往上彈，成爲罪人的行者就會掉落地獄中。

老實說，這是人間的至寶，若欺瞞自身，人類就會變得一無是處。業秤行能夠讓我們重新考慮自己的生活，因此要善用這十界中的第一界，才能夠打開領悟之門。

第二就是餓鬼道，是斷食修行。這也有很多的修行法，而且累積了許多前輩的經驗。

第三是畜生道，即所謂的斷水修行。這是不亞於斷食的修行，漫步山野，不喝水，當然會非常痛苦。

但是，被繩子綁著，關在籠子裡的畜生，如果經常想著這些事情，再加上慈心，就會成爲值得尊崇的生物。同時，從山野中湧出尊貴的清水，也讓人了解大自然的恩惠。

第四爲修羅道，即藉著相撲而修行。雖然表示人類在憤怒時會演出修羅道，但是也可以當成加以擊退的方法來利用。

第五是人間道，這是非常殘酷的修行。人類的修行就是始於殘酷，終於殘酷吧！這非常困難，一定要努力才行。

第六是天人道，這是長壽的修行。因此修行者必須要修行歌舞樂曲。古神道等是爲了修養而吹石笛，用雅樂，藉此鎮定人類的心靈。到了末世時，出現跳舞的神道，也出現唱歌的佛教，這一切都是修行。

第七是聲聞修行。所謂聲聞，即聆聽釋迦聲音的佛弟子。即使是學習佛教，空談理論，若沒有直接聆聽教祖聲音的人，就好像隔靴搔癢一樣。聲聞的修行方法，就是在修行中能夠體會到苦、集、滅、道四項，並予以看穿。

第八就是緣覺修行。緣覺別名因緣覺，就是由十二因緣之理而加以領悟之意。領悟時並非只靠佛教的教義就可以領悟緣覺，還要知道天地的動態，領悟四季的變化。

第九即菩薩行，菩薩以正確的意義來說，即釋迦如來的前身與彌勒菩薩的護身者。不論在家或出家，進行大乘修行者就是菩薩，因此修驗行者的菩薩行，就是捨己利，以利他爲根本。

第十是正灌頂術，即佛的修行。完成六項凡人行與三項聖者行的修驗者，才能夠成爲菩薩的最高位，成爲佛。

直到五十六億七千萬年爲止咒縛似無法解除

役小角所進行的大說法雖然是短時間的，但是在當時的佛教界卻引起很大的迴響，藉此建立修驗道的基礎與磐石，但是所有的佛教僧卻敵視修驗道。不只是佛教界，一般人也加以攻擊。

反對役小角的一群和尚與連廣足攜手合作，煽動官廷的公卿，企圖把役小角流放到外島去。

在役小角三十九歲時的秋天，踏入生駒山時，山中出現擁有鬼一、鬼次、鬼助、鬼虎、鬼彥五子的赤眼、黃口鬼，因爲他們搶奪人類的孩子而使附近的人非常畏懼。

村人說鬼具有神通力，力量強大而無法擊退。小角答應要擊退鬼。

小角來到生駒山的中腰，這時鬼出現了。小角唸不動明王的咒語，而在那兒參拜，這時在空中燃燒的熊熊火燄中出現了不動明王，瞪著鬼。不動明王可怕的樣子與役小角強大的法，令鬼感到畏縮，於是向小角投降。

鬼投降於小角的法力之下，同時提出請求，希望成爲小角的僕人。小角把紅眼鬼稱爲前鬼，把黃口鬼稱爲後鬼，讓他們成爲自己的家僕。這前鬼和後鬼後來非常活躍，好好地保護役小角。

役小角六十三歲暮年時，從葛城峰千里跋涉至金峰山。有一次，小角聚集了山神，對他們說：

「從靈山葛城峰到金峰山道路險峻，使很多行者感到煩惱，爲了世人著想，要在此架設岩橋。」

對於小角下達命令要進行困難的道普請山神們，感到非常苦悶。幾天以後，小角觀察普請的狀況，就發現普請並沒有進行。小角嚴厲地責備山神。

這時，山神們卻藉口說，一言主命白天無法出來，只能夠在晚上工作，所以工程進行得很慢。

小角詢問詳情以後，知道一言主命臉很醜而拒絕白天的工作。同時一言主命心地不好，不知道自己如果違逆役小角的命令，會遭遇何種悲慘的下場，因此根本不願意進行普請的作業。

役小角大怒，召喚一言主命，同時小角唸咒語綁住一言主命的雙臂，並說：「造岩橋是爲了後世的人，不允許你打擾山神們的普請。在和我一樣具有同等的修驗力的行者出現之前，這咒縛並無法解除。如果没有出現像我一樣的行者以前，則在五十六億七千萬年後，彌勒菩薩出現時才能解除咒縛。」結果一言主命因役小角的法力而被投入谷底，這一帶則被隔離禁止進入。

「小角被捉」

被一言主命的甜言蜜語所迷惑的役小角的弟子連廣足回到都城以後，利用其地位誹謗、中傷役小角，說役小角是詐騙師。他就好像被惡魔附身似地，爲了誹謗小角而東奔西走。

但是目擊役小角的强大法力，看到役小角咒縛鬼神，呼風喚雨，他聽到小角的名字就嚇得發抖。

他甚至還說：「役小角雖說是神或佛，實際上卻是狙擊天下的魔神。如果不趕緊捉住他，會成爲天下的災禍。」

惡劣弟子的誹謗與嫉妒小角法力的人，其策謀終於奏效了。在小角六十六歲的秋天時，官府下令捉拿他。

朝廷的官員爲公家二人、武士二十人，以及人足五十人，一起去逮捕小角。負責逮捕小角的官員們一起攻向小角道場的大峰，但是來到這兒一看，要害之地陣容堅强，各處都有小角的高徒義覺、壽元、義信、義元、芳元等人嚴陣以待。

祈求加持祈禱的信徒們也不許逮捕小角的官員們靠近。

公家提議直接見小角，讓他了解不要逮捕他，只要小角與他們同行就可以了。同時說如果小角不臣服，就要把小角的母親當成人質。

負責逮捕的一行官員，帶著弓箭和鉾來到大峰山中的岩窟。岩窟是切穿斷崖鑿造出來的。到了岩窟之前的石道，有歷經百年風雪的老松，面對深谷，枝葉茂盛地生長著，看起來就像斷崖絕壁側有岩窟存在一樣。

身穿淨衣戴著角帽子，握著金剛杖的役小角就在岩窟中。前鬼出現在他的身邊，告知逮捕的官員到來了。

小角大笑道：「我是捨世之人，任何事物都無法綁住我，不管他。」

但是前鬼卻咬牙切齒，非常生氣。前鬼大喝道：「應該墜入畜生道的廣足，陷尊貴的好行者於不義，如果捉到一定把他大卸八塊。」然後抬起一塊巨岩丢向官員。

「行者，你的母親有危險了，該怎麼辦才好呢？」

後鬼大聲地哭泣著跑了過來，官員們也來到小角眼前，小角仍若無其事地唸著孔雀明王的咒語。

畏懼役小角强大法力的官員們受傷逃亡，原本是大約三〇〇人，最後只剩下三十人。

不久之後，小角的母親白專女被逮捕至都城，傳聞要被處刑。小角飛也似地趕往母親所在的吉野里。

聽到小角的自首，很多人都來膜拜小角，哭泣叫嚷，仰慕小角的人非常多。

小角對於黑鴉鴉的人群說道：「我不會死，不會死的，我當然不會被人類的利刃或矛所戮死。」

同時，役小角不斷地責罵逮捕他的官員們，這激怒的聲音震撼天地。

「有罪我來扛，一切交給我吧！」

大叫的粗魯荒武者推開群衆，可怕的樣子令官員們心驚膽顫。

役小角輕輕地抱起母親，輕聲地對母親說道：「母親，這麼多人拼死想要保護我，真是非常感謝，向他們致謝吧！」小角讓年邁的母親坐在自己的右肩上，向衆人低頭道謝。白專女感動得說不出話來。

小角的母像（吉祥草寺）

修行者與信徒們看著原本就比別人高的小角姿態，與坐在他肩上的母親姿態，全都淚流滿面。

奈良都城接到「役小角被捕」的報告。這時，將近五〇〇位修驗者、山伏一隊都出現在都城，毫無畏懼地想向朝廷提出控訴。

流放至伊豆・大島

這一天晚上，小角被人從牢房帶至官員的房間，好好地招待他。

官員認爲小角長期留在奈良會成爲國家亂亡的徵兆，因此決定立刻把他流放至伊豆・大島。

在日本各地都有道場，且被數萬行者視爲活菩薩的役小角，如果沿陸路走向大島，非常危險，因此朝廷選擇海路把小角送至伊豆・大島。

但是船是小船，當船到達遠州灘時，海上的狂風幾乎使小船翻覆。

坐在船上的人與護送者臉色都大變，這時船頭們只好戰戰兢兢地向泰然自若地坐在那兒的役小角求救。

衆人向能夠招雲前來坐在雲上到日本國內各地的小角請求道：

「活菩薩，行者大人，請幫助我們。」

役小角張開眼睛，點點頭，大聲地唸孔雀經，同時拿在左手的大唸珠發出聲響，在那兒唸著真言。

這時從烏雲中露出一絲光明，孔雀明王乘坐金色孔雀出現了。衆人抬頭仰望天空在膜拜著，漸漸地風平浪靜，船終於輕鬆地到達了伊豆·大島。

役小角被關在東海岸的岩窟牢。

小角在白天謹慎地遵從朝廷的命令，到了夜晚則離開牢籠，漫步海上，到達武藏國，或騰雲駕霧登上富士山修行。但是一到天亮，一定會回到牢中。

小角的這種謹慎行爲持續了一年多，雕刻不動尊等五大明王尊像，浮於波間膜拜，開眼以後，找一塊有緣地，把他們放在那兒。

伊豆·大島自小角登陸以來，在島的上空看到高五層的塔，而在海上經常有燈籠照耀海面，出現這些奇怪的現象，令衆人感到很害怕。

小角的行動不只如此而已。他遵守與母親的約定，經常去探訪母親，徹夜看護著她，到黎明時再回到牢中。

小角種種令人害怕的行爲，漸漸成爲傳聞，嫉妒他的人又向朝廷進讒言。

「如果把小角放任不管會亂國，成爲影響朝廷的存在，因此應該要處小角死刑。」

甚至這種說法也開始出現了。

尤其對小角恨得咬牙切齒的弟子廣足等人的責難、誹謗，更是非常嚴重。

也就是說，讓小角活著，把他流放到島上，根本沒有任何意義，因此建議比流放至島上更大的死刑。

於是，小角被判處死刑的宣告，由大島的官員們告訴小角，但是小角泰然自若，臉色不變。

小角無罪釋放之日

二月下旬，在朝廷的命令下，負責處斬小角的官員把小角帶至處刑場，但是小角泰然自若，没有任何動靜。

小角大聲說道：「我身已爲仙人，我心已爲佛，因此對任何事都不感到驚訝。」

即將處刑時，斬首的官員揮舞大刀，想要斬斷小角的腦袋。在小角的腦袋即將被斬斷的瞬間，斬首的官員揮舞的大刀卻遇到一道光芒，這時斬首的官員氣絶倒地——不是普通的氣絶，而像是被光打中死去了。

看到這種情形，使得斬首小角的處刑被迫終止。

處刑小角的前一夜，在都城供奉於富士山的富士大明神出現在朝廷的夢枕，說：「役小角是活神人，將他視爲罪人，是敵視小角、妒忌小角的人惡意中傷，並非事實。小角是一位神人，不可以將他處刑。」

關於小角的免罪，衆說紛紜。如先前所述，朝廷接到神的告諭，即由於富士大明神的告諭而獲免，也有人說是肯定小角存在價值的高僧與公家們，使小角的罪獲得赦免。

總之，小角被無罪釋放了。不論有各種記錄或傳說，就是因爲知道小角所具有的法力的偉大，因此才能夠獲得赦免。

獲免無罪而被釋放的小角，在還沒有接到赦免狀以前，就以他最拿手的法力、神通力知道了這件事，當天晚上就公然地離開大島的牢籠，越過海面。

不可思議的是，以往在大島上看到的五層塔和燈籠都消失了。在港邊的漁夫們知道了這件事，引起了很大的騷動。

這大島祭祀古神，衆人都崇拜神，而島中央的三原山火口的神體出現在小角面前。同時島民當成修驗道的進入，小角所進入的洞窟中被瀑布拍打的修行，成爲每年都要舉行的行事。

每年六月十五日時，島民要進行這些行事。基本上據說是爲了觀摩小角在瀑布中的修行，以及崇拜御神火的緣故。

人類是經常苦惱的存在

他們模仿小角的行爲避免不淨，在祭祀的前一天斷穀物與湯水，到黎明時出海進行祭祀。傳達小角獲免釋放的勅使一行十人，在前行的路上遇到一位老僧，手持錫杖，穿著鐵木屐，飛也似地走過。

他們立刻解釋爲這是由役小角的法力所造成的，而且非常慎重地迎接小角。

據說知道役小角獲免釋放的傳聞，曾是小角的弟子卻背叛他的廣足，在這一天就發瘋自殺了。

朝廷把小角迎入宮廷，犒賞其辛苦，同時根據記錄，得知對小角也有一些報償。孝心篤厚的小角，拒絕朝廷對他的褒獎，急急趕回母親等待他的葛城。但是母親在八十五歲時死去，悲傷的小角決定在大峰山進行千塔供養，要在大峰山建千基石塔與木塔。同時也爲自己在不久以後即將離開這世界做準備。

小角最信賴的弟子義覺，得到最高位的名譽，命令他要永遠使修驗道昌盛，同時利用修驗道解救衆人。

這儀式是在大峰山中心的大日岳與釋迦嶽之間進行，結果產生一種好像進入極樂世界一般的溫暖與祥和的氣氛。據說帶有極高香氣的水不斷地在那兒流動著。一直教導義覺最基本事項的小角，也開始準備自己的死亡之禮。

小角如此教誨義覺：

首先修驗道的根本是聖者的領悟，與萬物合體。若聖者的領悟不與萬物合體，就無法去除存在這世間的惡與害。

小角還述說六道輪迴。佛教的六道輪迴，不論再怎麼變化，也只是一種變化而已。死就好像拍打岸邊的波浪一般，即使形態變化，但是最後的結論就是拍打岸邊的波濤還是會成爲水。

換言之，人類有如妖怪一般的存在。爲甚麼呢?因爲人類會擔心百年後子孫是否有可吃的東西而生存著，同時也會否定這種憂慮，即具有表裡兩面而生存的人類，會非常苦惱，而要不斷地超越苦惱。這就是他的教誨。

此外，小角在對義覺的教誨中，也强調如何改變人類所具有的慾望，如何使慾望本身成爲改變人類的力量。

例如：在深山中許多動物如蛇、熊，都是一種兄弟的存在，兄弟之間的友誼如何，藉此而會成爲敵人或朋友。同時還告訴他如何能建立好的朋友。

如果能打開這領悟之門，就能和草木說話，也能和狼、猿猴說話，這就是小角的教誨。

小角教導的六神通根本秘法

小角也傳授弟子們六神通的根本秘法，但是如果在傳授時想法飛躍，無立足之地時，就會墜入魔道。這是因爲外道和惡魔也有五神通（並非六神通），即踏離道路的神通沒有任何幫助，以此爲前置詞，教導弟子們六神通的根本秘法。

再說一次，六神通的第一項是天眼通，即能看穿千里之遠的神通力。

我這麼說，也許有人認爲以人類的力量怎麼可能辦到呢？但是這卻是任何人都具有的能力，你們可能以爲距離稍遠的東西都看不到，然而人類的能力中，卻根本具有這種神通力。

那麼爲甚麼人類無法發揮這種神通力呢？這是有道理的。人類的本體是由神與肉體二者形成的。神（心）在宇宙間任何地方都能看清，一旦肉體中的王者成爲主人時，就會因爲肉體五慾，即欲求與煩悶而遮斷其天眼通能力。

想要達到天眼通先要斷食，極度壓抑肉體的力量。經常看到大峰的山伏們持續斷食修行十天以後，結果發現自己所擔心的家庭問題，都可以藉著天眼通而了解了。行結束以後會說出：「在那時候你做了這樣的事。」等一些令家人們驚訝的事，這就是天眼通。

其次是天耳通，和天眼通相同。但是即使能辦到天眼通，也不見得能做到天耳通。對懂得天眼通的行者說：「那個男人現在在說些甚麼，請你聽聽看。」雖然能看清其動作與姿態，可是卻無法正確聽清楚他所說的話。也就是雖然能看得到千里之遠，卻聽不到千里之遠外的人所說的話。

其次就是他心通，這是能了解他人心中想法的意思。這男人現在在想些甚麼，能看穿他人的心意。看起來似乎很困難，但是其實卻沒有這麼困難，像這些情形，即使無法達到神通，懂得人相的人也能夠看穿。例如：看到肩膀聳動生氣、瞠目結舌或手顫抖的情形，看起來就像是憤怒或驚訝的表情，這是經由很多的經驗而猜中十之八九的。

但是他心通則更進一步，與天眼通相同，是人類體內的神走出肉體的國境而發揮作用的狀態。與觀察人相不同，絕對不會看錯。

其次是宿命通。所謂宿命通是對於先前所發生的事或前世所發生的事，能夠看穿的通力，只要是坐禪進入通三昧的境界，不管是誰都能夠了解。

目犍蓮尊者（通稱目蓮）在少年時代是個放蕩的人，令父母親感到很擔心。後來成爲佛陀弟子，得到六神通，在衆多弟子中，成爲神通第一的就是目蓮。

目蓮絕食，進行三十七天的坐禪，想要找出已逝父母親的所在。父親因爲做善事而得到快樂，但是母親生前貪慾、不慈悲，所以死後墮入可怕的惡鬼道。目蓮悲傷哭泣著準備百味飲食，利用神通力奔入地下五百由旬處的餓鬼世界，把食物獻給母親。但是母親看到這些飲食時，皮和骨卻收縮起來。

如果吃了這些食物就會化爲火焰燃燒起來，而且人類的一個月等於餓鬼道一天的壽命，而五〇〇年的冗長時間要受盡餓鬼道的苦難，的確非常悲哀。

但是，餓鬼道也有各種種類，大致分爲無財餓鬼、少財餓鬼、多財餓鬼三種。無財餓鬼就是最可憐的餓鬼，也分爲三種，一是炬口鬼，即隨時由口中吐火；二是針咽鬼，即腸如大海一般，喉嚨卻如針孔一般細，因此經常想要吃喝東西；三是臭口鬼，即口中會出現腐臭，令人難以忍受的臭氣的鬼。這都是前世殺人放火、殺害賢人，因爲慾望而使他人痛苦的人所到達的地獄。

目蓮尊者的母親是炬口鬼，因此如果她用左手捧著尊者捧著食物的缽，想要用右手抓東西來吃時，還沒有進入口中就會成爲業火，像蛇舌一般的燃燒。即使是神通第一的目蓮尊者，也嚇得逃之夭夭，跑到當時金衛國在祇園精舍的釋尊處，請他救助。

這時釋尊說：

「目蓮啊！雖然你提出請求，但是你的母親罪業深重，因此要自己受苦。即使你對母親有孝心，可是對於掌管這一切的四天王卻無計可施，只有使用十方衆僧的神威力才能獲得解脫。」

接著，又教導他解救的方法。

「即將來臨的七月十五日，佛弟子九十天內會進行夏安居清淨梵行，在行結束的這一天，也就是自恣日。你也知道，就是衆人的過錯能夠解除之日。以這一天爲期，你爲祖先七代的父母親與現在的父母親準備百味飲食，就能夠脫離三惡道的苦患，增進福德。」

因此，目蓮尊者成爲施主，爲大衆而喜捨淨財，結果使其母親逃離苦患，這也就是著名的宿命通的插曲。

其次是神足通，即任何地方都能自由往來的通力。經常聽人說，往來於生死之間的重病患者說先前曾到哪裡的寺廟去參拜，或是說能夠見到哪些人等等，即體內的神征服肉體，精神旺盛，就能夠自由自在地形成這神通。

以上五神通，是只要精神與肉體所在之處良好，任何人都能夠得到的神通力。一些魔也具有這種程度的通力，總之，只要人不要忘記這種原本具有的神，不要拘泥於物質本位、肉體五慾，任何人都能夠有這種神通力。經常有人說「真是可怕的念力啊」，但是念力征服肉體的話，就能夠具備以上的五神通。

「但是義覺啊！達到這種神通並不是甚麼偉大的事。即使是愚鈍的人，只要閉上雙眼，在喘氣一次的時候，任何人都能具備這種神通力。」

這是小角的說法。

最後一項神通就是漏盡通，即人類的煩惱與心中的黑暗完全消失，能夠隨心所欲的意思。六神通中最重要的就是漏盡通。漏盡通就代表神的尊貴。人類的任性、自私自利主義、貪慾等一切都消失了，所做的事絕對不會有錯，就是這神通力。換言之，就是達到孔子所說「不逾矩」的境界，這才是真正心靈的自由。

六神通的目的為何

小角說：

「雖然說靠以上的五神通不能控制世界，但是最後的漏盡通卻能到達與神、佛相同的地位。真正宗教的安心，就是能夠與漏盡通一致而達到的。

那麼如何才能得到漏盡通呢?從根本意義來解釋，就是母體幾乎是無智、無自覺的。無智、無自覺所發出的煩惱，只要藉著覺醒得到正覺，就能夠連根斬斷。

來自母的肉體五慾的煩惱，藉著前述的領悟，就能夠隨時切斷。藉此就能夠了解自我本位的慾望是無意義的，自然就能接近正覺。

即使是色情狂年輕人，到了六十、七十歲的年齡時，一旦罹患大病，恐怕你建議他接近女色，他也不會靠近的。

但是我必須說的是，精神沒有年齡的界限，二十歲年輕人的心、八十歲老人的心，神本身是不會改變的。即使是八十歲老翁，也會有藉著色或食物而有接近人生真理的傾向，這就是來自於神的本性。二十歲年輕人貪圖色和食物，這就是因爲滲雜肉體的慾望所致。

所有的事情都有目的，因爲有六神通而不會耽溺於目的。那麼六神通的目的是甚麼呢?就是即使身處在色的世界，也不會耽溺於色的世界中，即使進入味覺的世界，也不會受到拘束，即使在人情的世界中，也會正直不阿，在榮譽的世界中，也不會拘泥於榮譽。能夠得到這種大自在的神通，就是六神通的目的。僅僅是能看千里、聽千里、跑千里沒有任何意義。

這些通力是與靈肉個別存在的，即使到死也能夠存在，最重要是要去我，超越一切煩惱的世界，這種『覺』的通力，才是無可取代最尊貴的。

義覺啊！六神通的深義，在於漏盡通的正覺，你一定要記住這一點。」

小角留下了這番話，離開了這世界。

第二章　鍛鍊神通力的方法

——使不可思議的力量復甦的方法

精神集中的基本

關於役小角的六神通，有各種不同的評價。有的人說小角是咒語者，有的人說他是仙人，甚至有人極端地把他比喻爲天狗。

役小角使用效力極高的咒法，因此很多人給他以上的稱呼。小角的六神通的確好像超能力、靈能力一般，有時候看起來好像是變魔術一般，令人感到畏懼。

他的六神通的神通力可以從各角度來掌握，並且將其視爲秘法傳給弟子。這六項神通力的根本，就在於把十項神佛的教誨「地獄道、餓鬼道、畜生道、修羅道、人間道、天人道、聲聞道、緣覺道、菩薩道、正灌道」加以具體化而成的。六神通中，以各種道不同的形態簡單明瞭地列舉出來，只要願意，任何人都會學會這種力量。

本書以現代的方式說明這六項神通力，希望各位能學會這六神通的根本秘法。因人而異，超能力者或靈能者就擁有這六項神通力，而其基本就在於精神集中。如何能持續精神統一，才是訓練的基本。

因此，在說明「現代版六神通」之前，爲各位敘述一下成爲基本的精神集中方法、精神統一的方法。

這精神集中、精神統一分爲二項，即初級篇與高級篇。先從初級篇爲各位介紹，初級篇中有呼吸法、坐禪法與山中法，在此一一說明。

◎初級篇

A 呼吸法

①首先在你早起的時候走出户外，把積存在體內的污濁空氣吐出，大大地深呼吸。在家中這麼做也沒有意義，一定要走出户外，把前一天積存的污濁空氣吐至大氣中。

比普通深呼吸更有效的方法，就是下述的方法，可以做做看。

②吐氣時身體彎曲對折，將許多污濁的空氣吐出，這才是秘訣所在。換言之，積存在體內的污濁空氣，藉著身體靜靜往前倒，呈く字狀態時「呼」地吐出最重要。

③吐出之後從鼻子靜靜地吸氣，但是只要花五秒鐘吸氣即可。當然花十秒、十五秒、二十秒鐘都不要緊，時間愈長愈有效。

④吸入的氣息好像全部擠入下腹部，也就是丹田（肚臍下方）似地來吸氣，而吸入的氣息直接停留在此。氣息積存在丹田，自古以來就被認爲是對健康很好，有助於調整情緒的做法。

⑤靜靜地一點點吐出積存在下腹部的氣息，從五秒鐘開始，設定最初的目標時間。吐、停、吸、再吐，以這種呼吸法各自進行十秒鐘、二十秒鐘、三十秒鐘，時間則以慢慢延長一分鐘爲目標。

這種呼吸法到底有何效果，自己嘗試以後就知道了。例如，在做激烈運動以後或遇到難以對付的人或困難的問題時，或心悸和脈搏跳動迅速時，反覆進行數次，就能夠了解其效果了。

B　坐禪法

方法非常簡便，只要每天花十分鐘、十五分鐘進行即可。重點在於要很有耐心地持續下去。與其一次進行數十分鐘，還不如每天少量進行才有效。

○坐法

①盤腿坐，一隻腳的腳背朝上。
②在臀部下方墊上對折的坐墊。
③雙手交疊於胸前。

早起以後到戶外吐出體內污濁的空氣

身體彎曲吐氣，吐氣、停止、吸氣，漸漸增長呼吸法的時間。各自的時間以1分鐘爲目標。

④要儘量選擇安靜的場所，即選擇自己最容易進行的場所，不要太冷，也不要太暖。太冷或太暖會使神經散漫，無法集中精神。

○調整姿勢的方法

①挺直背肌，這時腹部不可以突出。腹部往後收，挺直背部。

②靜靜地深呼吸。

③腰用力，放鬆全身的力量，但是只能夠腰部用力。

④以坐禪的形態，好像看清一公尺遠處的東西一樣，眼睛半開。看清楚一公尺遠處的東西是基本姿勢。

○集中精神的方法

①靜靜地做數次大大的深呼吸，大約五、六次就可以了。因人而異，有時候也會做十次。

②摒除腦海中的雜念，這樣便能使你清楚地認識到自己該做些甚麼，所以一定要去除雜念。

挺直背肌，靜靜地深呼吸，放鬆全身的力量，腰用力。

眼睛半開，看 1 公尺前方爲基本方法。甚麼也不做，只要把精神集中於一點。

只要考慮一件能使你集中精神的事情就可以了，例如：想想你的守護靈或你最喜歡的一朵花，要集中精神去想。這是集中一切的基本，因此也是使你最易於處於集中狀態的方法。

C 山中法

精神集中與精神統一的方法就是爬山。但是不需要爬險峻的山，而一定要選擇空氣清淨的山，就算是低矮的山也不要緊。

①登山時不要吃太多的食物，也不要喝水，只要吃八分飽。

②在山中找有一塊榻榻米大的空地，最好能一邊面崖，當然風不可以太强。

③穿著單薄的衣服面崖盤腿而坐，大大地深呼吸調整呼吸，然後停止氣息，這是最初要做的事。

④這時的秘訣就是要儘可能延長止息的時間。

⑤止息一分鐘以後，閉上雙眼，腦海中一片空白，完全不要考慮自己是在山中或名勝地等處，一定要讓頭腦空白。

⑥完全摒除雜念、邪念一分鐘以上，開始與自己的心靈對話。開始與自己的心靈對話

在山中找一個如一張榻榻米般大的空地，盤腿坐，穿薄衣，頭腦中一片空白，氣息停止1分鐘。

，就能夠使你的精神完全集中、統一。

⑦利用以上的方法精神完全統一以後，更好的方法就是一隻手手掌拿著點燃的臘燭凝視火焰。凝視燭火，對於精神集中而言，是最困難也是最基本的方法，是行者經常進行的方法。

一定要好好地凝視燭火，才能避免精神的動搖。

不只是你本身的心靈無法動搖，你自己強烈的念力也能夠發揮作用。當然，有時候遇到風會搖動的燭火，可能就不會搖動了。

在山中進行的方法，是役小角修行初期階段經常使用的方法，效果非常好。但是在進行這方法時必須充分注意，如果因爲跌倒而受傷或發生意外事故，這些方法也無效了。

◎ 高級篇

開發、強化人類的潛在能力最需要重視的，就是人體中丹田的開發、強化。

東方尤以中國和日本特別重視丹田。

丹田即肚子，可以利用以下的方法鍛鍊丹田。

人體分爲三部分來考量是目前的主流，即脖子以上、脖子到肚臍的軀幹，以及肚臍到腳這三大部分。其中以成爲身體中心的丹田最重要。

接著，爲各位介紹丹田訓練法。重點就是靜坐法。靜坐具有重要的三要素，首先就是姿勢，也就是體位，第二是呼吸，第三是意識。

靜坐法中有一些做法，依坐法的不同，效果各異，依序介紹如下：

①端坐　爲日本式的坐法。

②盤坐　右腳的腳跟置於大腿上，左腳腳底朝上，放在右大腿根部附近的坐法。

③趺坐　雙腳的足脛在中央交叉，雙腳腳底朝上，各自置於相反腳的大腿根部，即坐禪的坐法。

以上三種坐法爲基本，但是依個人年齡或體型的不同，也可以採用以下的坐法。

④下盤坐　雙腳的足脛平行橫陳於身體前方的坐法。

⑤平坐　坐在椅子上的方法，即雙腳腳底完全貼於地面。

此外，盤坐、趺坐、下盤坐時，可以把薄的坐墊對折，墊在臀下，較容易坐且穩定。男性可以盤坐或趺坐，女性則採用端坐或趺坐最好。

利用這些坐法，可以鍛鍊丹田，但是需要注意以下幾點：

腰骨挺直，上半身前傾，臀部稍微上抬，尾骨儘可能朝後方突出伸展，然後坐下。臀部的位置不動，然後半身向後仰，下腹部朝前突出，上半身回到原先的位置，則臀部會朝後，下腹部會朝前，背肌挺直。

伸直後頸部，即收下頦，後頸部有如戳向天空似地，後頸部伸直，顏面稍微朝下，額朝向正面，視線落在一公尺前方地面。

不要朝左右前後傾斜，即耳、肩、鼻、肚臍、天頂與肛門的連結線要和地面垂直。放鬆肩和手肘，放鬆全身，也就是姿勢不要崩潰。雙肩和雙肘落下，全身慢慢放鬆。

此外，雙手拇指在中央輕輕握拳，或手掌朝上置於雙腿上方或置於中央。雙眼輕閉或半開半閉，視線落在前面的地板上。口輕閉，齒輕輕咬合，舌尖抵住上顎，不要移動。

熟悉這靜坐法，其次是呼吸法。

若不能調整呼吸以便達到更穩定的呼吸，對於個人訓練會造成影響。呼吸法中大家會做的就是腹式呼吸，這也是大家所熟知的方法。首先要正確地移動横隔膜，利用肚子進行的呼吸要重複吸、吐、吐、吸的方法。如果能做到，則利用腹式呼吸，就能夠輕易地使精神狀態穩定，使秘藏於人體內的强大能量散發出來。

如何正確地進行腹式呼吸呢?決定性的方法在於呼吸的方法與呼吸的調整。呼吸的調整，首先要靜而長，而且深而均勻地呼吸，這是腹式呼吸的基本。丹田法中正確的坐姿再加上呼吸法是最重要的，合併進行時，就可以開發、强化潛藏於個人體內的力量。

潛在的能力、力量的開發、强化所需要的做法，除了前述二項以外，第三項意識是有點困難的做法。

先前所述的丹田的做法或呼吸的做法，起因在於六根，即眼、耳、鼻、舌、身、心六根，這些會決定一切的事項。眼睛看甚麼，耳朵聽甚麼，鼻子聞甚麼，舌頭品嚐到甚麼，身體感受到甚麼，心靈意識到甚麼?這六根在各意識中發揮不同的作用。

但是六根中的根本，就在於心與意識，擁有何種意識進行靜坐法，想些甚麼來進行呼吸，都是很重要的。捨棄邪心，以正確强烈的意識來進行，就能夠熟悉一切。熟悉以後，就能夠學習六神通之一，甚至學會所有的六神通。

到底應該如何具有意識呢？——並沒有前述的具體方法，具體方法的提示，就在於先前所列舉的六根。

鍛鍊丹田，能夠發揮人體內的各種力量，而丹田法能順利進行時，就能夠加倍發揮人體所具有的力量。

利用丹田法引出潛在的靈能力，有很多人就能成爲優秀的靈能力者。

到目前爲止，分初級篇、高級篇爲各位介紹精神集中、精神統一等潛在能力的開發的基本具體做法，要很有耐心地反覆訓練。

接著爲各位介紹潛在能力的開發訓練法。

◎潛在能力的開發訓練法

在此，介紹你所具有的潛在能力開發訓練法。

這訓練法，每天在相同狀態下，在一定的時間進行是秘訣所在。儘可能要在安靜的環境中進行。

按照以下的方法進行：

①正坐，姿勢正確，挺直背肌坐。

②放鬆肩膀的力量，上半身放鬆，形成自然體。雙手插腰，拇指在背部，其他四指抵住腹部。

③先吐氣。吐氣時，儘可能靜靜地慢慢地吐氣，一邊吐氣，一邊將上半身靜靜地彎曲，最理想的姿勢，就是額頭能抵住膝蓋。

④一邊吸氣，一邊將上半身還原。這時要儘可能靜靜地、慢慢地吸氣，挺直背肌，恢復原先的姿勢。

⑤再吐氣，靜靜地、慢慢地身體向後仰。當然後頸部能貼在地上是最好的，可是也不必彎曲至這種地步，儘可能向後仰即可。

⑥然後再靜靜地、慢慢吸氣，回到原先挺直背肌的姿勢，這動作重複做十次。

⑦姿勢挺直，且要保持放鬆的狀態。

⑧靜靜地吐氣，上半身向右倒似地彎曲。

⑨靜靜地吸氣，恢復原先的姿勢。

⑩靜靜地吐氣，上半身向左倒似地彎曲。

⑪靜靜地吸氣，回到原先挺直的姿勢，重複做十次。

⑫右手朝前方伸出至肩高爲止，這時手腕朝上，即朝前豎直手腕，手肘和關節不可以彎曲，好像從肩膀朝前方突出似地伸直。接著，從肩膀到手腕，好像收縮似地重複做收縮運動，手肘絕對不能夠彎曲，要不畏疲勞地重複二十～三十次。

⑬其次輪到左手，和右手的動作相同。

⑭雙手同時做伸縮運動，要注意手肘不可以彎曲，直到疲累爲止。如果覺得非常疲倦，則利用左右手臂單臂交互進行亦無妨。

⑮不論是左右單臂進行或雙臂同時進行，五根手指頭儘可能朝上。這時也許會覺得指尖發麻，但是不需要擔心。

⑯雙臂朝前方伸展至肩高。這時手掌朝下，放鬆力量，做雙手的交叉運動，雙手同時從手腕開始放鬆力量振動，就好像甩落附著在指尖的水滴似地。雙手交叉運動結束以後，從雙手的手腕開始放鬆力量，進行甩手運動，持續五～十分鐘。

⑰然後雙手張開如肩寬，朝前伸出到達肩高，這時手掌朝向內側，好像左右手掌相對似地。

⑱手掌相對，雙手張開如肩寬，朝上，就好像呼喊「萬歲」一般。

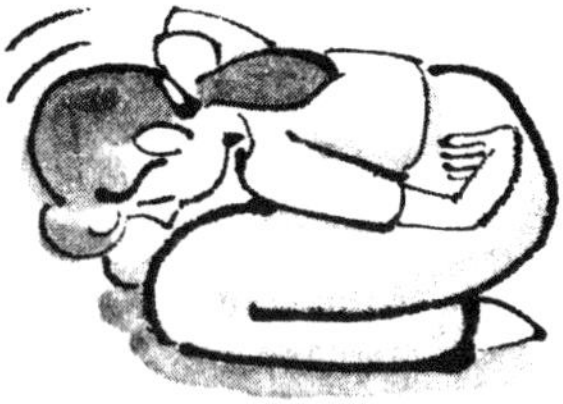

一邊吐氣一邊上半身靜靜地彎曲，最好額頭抵住膝蓋。

正坐，姿勢擺正，挺直背，上半身放鬆成自然體。雙手插腰。

一邊吐氣，上身往後倒，後頭部靠在地板上或床上較理想。

⑲雙手慢慢地以呼喊萬歲的姿態上抬至頭上方，用鼻子吸氣。雙手慢慢地上抬到頭上，手掌朝向內側相對。

⑳吸氣時，就好像雙手在頭上一樣，手掌貼合呈合掌形。

㉑保持合掌的狀態，從鼻子吐氣，慢慢地放下雙手，停於胸口附近。

㉒雙手停在胸膛附近，心中默想心願，即在心中想像靈力發揮至最大限度。

㉓雙手置於膝蓋上。

以上的動作依序進行，這便是能發揮你潛在能力或靈力的訓練法。

進行這訓練法以後，雙手會產生有如觸電一般的感覺。這就表示你的能力漸漸開發了。這種觸電一般的感覺愈强烈，就表示能力已經開發了。

◎開發潛在能力的體操法①

如果你想要多得到一些靈能力的可能性，則要每天反覆進行以下所述的體操。

也可以在夜晚就寢前進行。如此一來，其成果在你熟睡時靈能力能對你發揮作用，按照以下的順序來進行。

雙手伸直，單脚直立，收下頦，閉目看前方。這是利用「心眼」看東西的訓練。體操後，腦海中會浮現自己所信仰的神或佛。

①雙手用力筆直伸向頭上，雙手手指交疊。
②挺胸吸氣再吐氣，單腳站立在棉被上。
③閉上眼睛，身體不要搖晃，收下頦，凝視前方。這時必須保持以「心眼」凝視的心態。所謂心眼，就是能夠看到靈的眼，當然必須要重視。
④每晚重複做以上的動作三十分鐘。
體操結束以後，腦海中一定會浮現自己所信仰的神、佛，不論是基督或弘法大師都可以。清楚地浮現這些印象以後，要用心和對方談話，任何內容都可以。也許你覺得對方不會回答，但是反覆進行時，對方一定會回答。

◎開發潛在能力的體操法②

①以下體操是盤腿坐在棉被上，雙手支撐後頸部，一邊用力，一邊左右搖晃上半身。
②接著雙手支撐後頭部，往前翻筋斗。
③翻四、五次筋斗以後，再重新盤腿坐在棉被上，閉上眼睛，使情緒穩定下來。向著你想對祂説話的靈出聲説話。

盤腿坐在棉被上，雙
手支撐後頭部，上半
身朝左右大幅度振動。

接著，雙手按住後頭
部，朝前翻筋斗。

翻筋斗4、5次以後，仍
然盤腿坐、閉目，平靜
心靈。用心與靈對話。

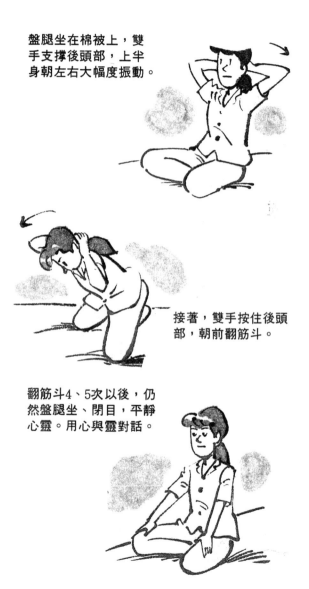

只要很有耐心地持續，就能夠和對方談話。

但是靈性的强弱也是大問題，因此有的人要花很多時間，有的人則不用。

◎ 水行訓練法

靈性的訓練，對於開發强化靈能力而言是必要的，這能力是否强，要依訓練的不同而決定。

訓練法之一，即進行以下的水行訓練：

①最好是坐在瀑布下拍打，但是有時候必須要到瀑布那兒去，而在沒有任何指導下進行也非常危險，因此絕對不要以自己的方式來進行瀑布行。

在瀑布下拍打時，要充分計算水落下的高度、水量的落差等等，也必須考慮到對於個人身體的影響。

做得不好時，在瀑布下拍打只會留下一些後遺症。

②代替被瀑布拍打的方法，就是利用浴室，每天在浴室用冷水從頭澆淋的方法。從頭澆淋水，一邊唸經文或咒語，要反覆做數次。

③在淋水的瞬間覺得很冷，精神抖擻，身心都會變得清爽。身心清爽、精神抖擻，就能增强靈性。

④若你家中有佛壇或神龕，一天一次，雙手合十，向神龕膜拜，保持數分鐘甚麼都不想的無心狀態。

⑤向神佛膜拜時，不論是否相信，都不是件壞事，可當成是一種靈性的訓練，一定要實行。

⑥當你的靈能力現象出現時，就能夠了解靈性是否開發，目前並沒有能夠清楚調查的方法。

只能夠以本人的自覺症狀來了解，但是雖說是自覺症狀，若能認真訓練，就能清楚地出現。即使是很小的自覺症狀，也能清楚地意識到。

◎殘像訓練法

這訓練法的基本，就是開發個人或多或少的念力，藉此就能開發、强化一切的潛在能力。在接下來叙述的六神通中，這能力非常重要，要培養每一項六神通，就必須要進行這訓練方法，也是必須要培養的根本力量。

看某個東西，好像按下照相機快門似地把映象深印在腦海中，能與六神通任何一種互通，把殘像強烈地留在腦海中，就能夠引出各種力量，並加以發展，所以是基本的方法。也就是說，念力是使人類五感發揮作用的力量。

可以嘗試以下的方法：

①並沒有限定訓練所使用的道具，螢光燈或雜誌都可以。

②自己把特定的物品擱在桌上，用大布覆蓋著物品。

③坐在桌前集中精神。

④充分集中精神以後，喊一、二、三，啪地拉下蓋著物品的布。瞬間看著物品，只看物品，然後立刻蓋上布。

⑤閉上眼睛，仔細地想出瞬間看到的物品是甚麼並做記錄，做記錄時儘可能要詳細。

⑥做好記錄以後，再想一想看到的物品。這時可以閉上眼睛。

⑦以上的方法反覆進行數次。隨著不斷地訓練，張開眼睛時，就會在腦海中留下物品的殘像。

⑧訓練時可使用任何物品，剛開始時，最好是使用留下殘像的螢光燈。

下來。

⑨殘像在腦海中留下映象，是因爲近二百億的腦細胞發揮作用所致，這些都會被記憶

⑩殘像更清楚，存在時間更長，就表示你的記憶力增強了。

這方法還有一種利用法，即在翻開書的瞬間，把書上的內容映在腦海中，所有的一切在瞬間殘留在腦海中，對於六神通的力量開發、强化而言是不可或缺的。

第三章　六神通的領悟法

——學會六神通的捷徑

五指感知法

本章爲各位介紹學會六神通的技巧，要開發每一項能力，先前談及過，一定要很有耐心重複數次。

真正實踐以前，爲各位介紹一簡單的方法，就知道各位潛藏著哪些能力。這是利用指尖的感覺而能夠了解自己的健康狀態、運勢、力量强弱的方法。我將其稱爲五指感知法。基本的做法之重點，就在於要在一個安靜、使情緒穩定下來、能夠使精神集中的環境進行。

請參照後面的插圖來進行。

剛開始時，自己的左手手掌朝上，抬到與心臟相同的位置，這時放鬆手掌的力量。其次嘟起嘴唇有如章魚一樣，左手慢慢地吹出微弱的氣息，儘可能把氣息慢慢地吹到每一根指尖。

吹完氣息以後，輕輕地握住手，感覺指尖的力量好像握在手中一般。持續數秒鐘，然後慢慢地把手張開，張開時要注意不可以用力。吹氣，把吹在手中的氣息，也就是力量握住，然後張開。這動作重複數次，藉著這動作，就能取得五指的力量平衡。

手掌朝上抬至與心臟相同的高度

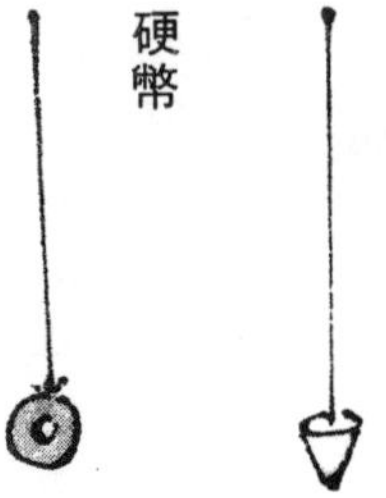

市售的感應器

硬幣

把氣息慢慢地吹入每一根手指

用手握住吹至手中的氣息，好像握住力量一般。

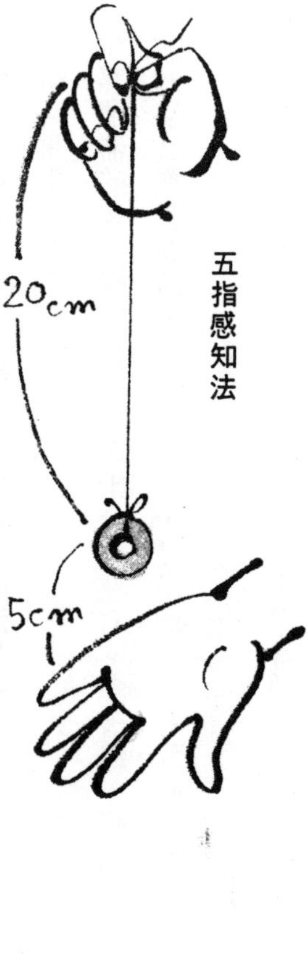

五指感知法

接著進行以下的動作。爲了取得力量的感應，要使用小道具，即鐘擺或圓錐型的小五指感應器，若没有，也可以用線穿過開孔的硬幣來使用。

用右手或左手指尖夾住綁住感應器的線，線的長度爲二十公分左右。拿著線，感應器垂在手指上；取得每一根手指的力量反應。從指尖到指根爲止，慢慢地、很有耐心地取得反應。

將五指感應器垂掛在距離手指五公分處，看手指的力量反應。感應器帶到指尖前方，若感覺感應器慢慢地朝前移動時，就表示手指出現了各種反應。五根手指顯示各種不同的力量反應，所以要儘可能詳細而正確地觀察五指的反應。每一根手指的感應都具有重要的意義。詳細情形稍後爲各位敘述，每一根手指的動態，就表示你的運勢或健康狀態，同時也可以了解你是否有六神通的力量。

觀察五指的力量反應，你必須要清楚地意識到這一點。如果採用半遊戲的心態，則意識無法正確地取出反應來，因爲你的意識正確地反映在感應器上。

手指動態所顯示的六神通力量

◎你的拇指與感應器感應，清楚地折向手指根部，則表示你具有天眼通的素質。

◎你的食指感應器感應，不斷地抽動，關節好像畫半圓似地彎曲時，則表示你具有天耳通的素質。透過訓練，力量會不斷增强。

◎你的中指大大地、激烈地搖動，感覺要貼著食指的感應出現時，表示你具有他心通的優良素質。

◎你的無名指在激烈振動之後，好像與手掌緊緊結合似地；或展現與其他手指連動的感覺，則表示你具有宿命通的素質。

◎你的小指關節好像彎曲似地移動，而且出現與無名指緊密貼合的感應時，表示你具有神足通的素質。

◎你的五指全部大大地張開或展現握拳的感應時，則表示你具有漏盡通的素質。漏盡通感應極强時，對任何事都可以展現積極的行動。

了解運的五指感知法

①氣運的善惡

當拇指產生激烈的感應時，不要太過奢華。

食指產生弱感應時，要側耳傾聽前輩的意見。

中指產生强烈感應時，在東方開始共同事業，能獲得成功。

無名指產生有如痙攣似的感應，或接觸中指時的連動感應時，則表示構想强烈的事業能獲得成功。

當小指清楚强烈彎曲的感應出現時，則表示從事聚集人的工作或以許多人爲對象的工作，能夠獲得成功，但是不要單獨進行。

②性格判斷

拇指異常朝前後左右搖晃的感應出現時，表示雖然具有踏實的性格，但是對於不動產具有異常的執著心。

食指指尖好像貼著手掌的感應出現時，表示目無尊長，以自我爲主，事物無法隨心所欲地進展，是會對你造成損失的性格。

中指產生僵硬感的人，表示獨立心旺盛，但是相反地具有破壞性的性格，必須經常控制自己。

若無名指的每個關節都產生彎曲感應時，則表示依賴心極强的性格。同時因爲依賴心强烈，情緒的起伏很大而無法得到朋友的信任。

小指好像產生小幅度的振動感應時，或好像黏著無名指的感應出現時，擁有不像男人的女人性格，缺乏獨立心。

③因緣的吉凶

拇指出現明顯黏住手掌的感應時，表示有來自親朋好友的良緣。如果朝外側彎曲的感應出現時，則可能因爲朋友的介紹而得到良緣。

食指好像黏住拇指的感應出現時，或與小指連接的感應出現時，則表示可能透過遠親的介紹而得到良緣。

中指朝外側產生强烈感應時，表示無法藉著他人而得到良緣，很可能會戀愛結婚。

無名指清楚地產生與手掌貼合的感應，或與拇指强烈連動時，則表示藉著年長者的介紹而得到良緣。但是與複數的人同時進展時，便無法得到良緣。

小指產生朝內側與外側彎曲的感應時，則可能得到良緣。如果與無名指產生强烈的連動感應時，可能只是與年長者的因緣。

④勝負運

拇指感覺强烈黏著手掌的感應出現時，若有紛爭，則勝負方面可由老年人進行有利的解決。如果是賭博，不要太過意氣用事，就不會造成很大的損失。若與無名指產生弱連動時，則勝負時間可能拖得太久，但是不會完全失敗。

如果食指出現變形或朝內側或外側彎曲，則應該聽從年長者的意見。如此一來，有任何紛爭或賭博都能夠獲勝。

如果中指產生大大張開的感應狀態時，則在遇到紛爭時能夠獲勝。即使失敗一次，再次爭奪時也能夠獲勝。

如果出現無名指與中指貼合的感應時，則在勝負中能獲勝。但若與小指產生連動感應時，必須要找到機會。

小指貼著手掌似地彎曲，或產生小幅度的震動感應時，紛爭的事情年紀較小者能獲勝。如果是賭博的事情，則女人能獲勝。

⑤疾病診斷

拇指僵硬，無法彎曲的感應出現時，表示容易罹患遺傳性疾病或脊髓的疾病，必須要注意，尤其要及早預防。

若食指的感應處於不穩定的狀態，則可能腎臟出現毛病，心臟也可能出現心律不整等毛病，必須要注意。

此外，眼睛也可能不好，必須要預防。

中指各關節產生異常彎曲等感應時，則可能罹患腦的疾病與神經性疾病，要事前請醫師診斷。

無名指好像發抖一般產生彎曲感應時，則容易罹患呼吸器官系統的疾病，必須注意。若和中指產生連動感應時，容易罹患皮膚病。

小指大大地彎曲的强烈感應出現時，表示容易罹患子宮的疾病，必須注意。而小指的感應出現時，容易罹患腸的疾病，必須注意飲食。

以上是以狀況別大概敘述五指力量的感應，以此作爲參考來觀察五指感應。

在此，一一爲各位介紹六神通。

第一——天眼通

天眼通即能看到千里之遠的力量。

以現代而言，能看到千里之遠的力量就是透視力。對於遠處發生的事情，以物理的方法，就可以看穿人類的動態。

利用透視力的確發生一些深獲好評的事，例如：在荷蘭一位名爲克洛瓦塞特的透視能力者，就好像利用航空照片拍下事實真相似地，在完美無缺的狀態下透視失蹤少女的行蹤。

關於克洛瓦塞特的透視，報章、雜誌大肆宣傳，相信很多人記憶猶新。克洛瓦塞特本身也證實當時的透視從一開始就是正確的。

這種稱爲千里眼或透視力的能力，就好像電視的影像一樣，能夠看見在某個場所某個人的移動，但是這是任何人在任何時候都可以發揮的力量。

培養稱爲遠感知能力的透視力以後，實際上能夠發揮很大的效果。例如：企劃的工作或營業員、編輯等需要强烈觀察力的人，培養這種力量，當然大有助益。

爲各位介紹透視力的訓練法，但是事先必須說明如小角的六神通中所指出的，爲了培養天眼通的力量，要斷肉體五慾，進行嚴格的修行。例如：要進行十天以上的斷食，要進行這些嚴格的訓練。現代人要在這種嚴格的狀況下訓練是很困難，幾乎不可能。

在此所介紹的訓練法，是現代人可在自家中或辦公室裡想做就做的開發、訓練法。即使沒有小角所指出的，在極限狀態下引出潛在能力的強烈心態，或加以實行的忍耐力，也能夠學會這種訓練法。

☆ 卡片利用法

這方法你也可以獨自進行，每天很有耐心地持續著。

這訓練需要使用工具，準備六張如明信片一般大的厚紙，然後再做六個能夠放入厚紙的黑色信封，信封用的紙一定要新的紙。

接著，在如明信片一般大的厚紙上儘可能用粗體字寫下以下的字：「日」、「5」、「七」、「N」、「人」、「Y」。

寫下文字以後，一一放入信封中。

進行訓練的場所，儘可能選擇安靜的地方。

然後進行以下的訓練。

⑴裝入信封的卡片一張一張地豎立在桌上。

⑵你坐在距離桌子一、二公尺遠處，集中精神，情緒保持穩定。

⑶精神集中以後，細細地張開眼睛，凝視信封三十秒～一分鐘。

⑷當你的透視能力發揮作用時，就可以開始看到信封中的卡片顏色或文字。剛開始時覺得很模糊看不清，但是漸漸地就會變得清楚了。

⑸能夠透視的，不論是顏色或文字，剛開始看到的東西會變得越來越清楚。精神集中的程度越强時，就看得越清楚了。

⑹能夠清楚看到的卡片要記錄下來。

⑺六張卡片的透視結束以後，將實際情形與記錄對比，確認猜中的張數。

⑻六張卡片持續六次當成一次的訓練。三十六張卡片透視完了，如果猜中九張以上，就表示第一階段已經完成。

⑼卡片與你的距離以及精神集中的程度各自產生變化，重複進行訓練，要一直訓練到能夠猜中十五張以上。

藉著累積訓練，就能打開天眼通。

在同明信片一般大的厚紙上寫字，裝入信封中，放在桌上，透視每一張信封並把能看到的記錄下來。

☆ 空盒利用法

這種訓練所需要的工具就是香煙空盒，儘可能蒐集這些空盒。收集空盒以後，在盒內寫下文字或圖畫。初步階段可以寫下1～99的數字。隨著訓練的累積，可以寫一些簡單的漢字、單字或繪畫等。

寫好以後，收藏在外盒中，請別人爲你做，而不要自己做。爲甚麼呢？因爲自己放入，記憶力會發揮作用。

按照以下的順序來訓練：

(1)很自然地用任何一隻手拿著空盒，伸直手臂。

(2)雙眼半開，凝視空盒，平均一分鐘。

(3)當透視力發揮作用時，凝視在內盒中所寫的文字或數字等，漸漸地就能夠看清內盒中的文字或數字了。

(4)準備很多細長的白紙，把透視的文字或數字寫在白紙上，然後裝進盒子裏。

(5)按照這方法一一透視以後，爲了確認正確與否，要記錄下來。通常透視二十五個，若猜中五個以上就可以了，要很有耐性地反覆進行。

⑹手不拿著空盒，把空盒放在桌上，也是一種方法。這時需要間隔一公尺遠，否則拿著空盒的手會發揮作用。

使用空盒也可以應用其他方法，即在空盒裏放入一些物品加以透視的方法。放入空盒的物品，一定要由第三者來放入才行。

利用以上的方法就能開發、訓練天眼通，透視力對你的人生會有很大的幫助。

訓練累積之後，當然需要更高度的訓練，但是高度訓練不要使用上述物品，應用心眼而得到天眼的方法是最好的。

例如：在寧靜處放鬆全身，輕輕閉上眼睛，將你看得到的東西更明確清楚地看出來，把看到的東西記錄下來，與實際的比對。

此外，也可以發揮意識作用，好像看著某個對象物似地，漸漸地越看越清楚了，可以進行這種訓練。

第二——天耳通

役小角指出天耳通的難處，在於「比起能看到千里之遠而言，要聽到千里之遠的人所說的話，是非常困難的事」。也就是說即使你能看到某種程度，與距離無關而能看清一些事物，可是想要聽遠距離的說話聲卻很困難。

現代藉著電波的媒體能與宇宙溝通，所以天耳通的開發、訓練非常困難。

靈能者經常能聽到神的告諭，或聽到來自靈界的靈示等等，但是這到底是不是神聲、靈聲等，沒有任何人能具體加以說明。他們卻說能聽到一般人所聽不到的靈言話語，這是否真的是天耳通，老實說，我也不了解。

例如：經常聽到喇叭聲，這喇叭聲難道非天耳通不能聽到嗎？這也是一大疑問。據說喇叭聲是靈出現時發出的聲音，就好像我們去拜訪他人時的敲門聲一樣，而喇叭聲訓練是不具有天耳通的力量就不能聽到嗎？這是值得研究的課題之一。

已故的住在栃木市的山岡朝子，利用天耳通診斷疾病並加以治療。

山岡女士在夜晚衆人都熟睡時，說她能聽到耳邊傳來訴說一位病人的病情的聲音，在接下來二、三天內，經由天耳通所聽到的症狀，或罹患這種疾病的人一定會來找她。

二十餘年來，山岡女士爲數千名患者進行治療，將利用天耳通所知道的一切，實際活用，展現成果。

山岡女士的天耳通，並非進行嚴格的行，據説是有一天突然聽到了「來自上天的聲音」。

這與小角所説的天耳通不同，但是如山岡女士所説的，「能夠聽到來自上天的聲音」的靈能力者非常多。本書第四章所介紹的北條靈峰（希功子），就是以這種形態而得到天耳通的能力。

天耳通可以經由嚴格的訓練而培養，同時也可能是有一天突然擁有這種能力。

雖然要以某種形態得到天耳通的能力很困難，但是並不是不可能的。

爲各位介紹天耳通的訓練法如下：

☆利用秒針的訓練法

先把手錶放在桌上，最初把錶放在能夠聽到秒針微弱聲音的地方。

接著，漸漸延長距離，訓練聽力，等到不管距離多遠都能聽到時，就要詳細記錄下來，做成資料。

這時，不是利用不存在的聲音，而是利用存在的聲音訓練聽力，漸漸地，就能培養出在千里遠之外的人的聲音都能聽到的能力。

當然有各種環境條件，在吵雜的噪音中很難聽到，所以要在安靜的地方聽聲音。不斷地訓練，即使在有點吵雜的地方，不論手錶的大小，都能夠聽到聲音。

☆ 聽蓮花開花法

這訓練必須選擇特定的時間和場所，非常麻煩，但是可以一邊賞花或到湖泊邊聽蓮花開花的聲音。

首先佇足在池沼邊，把全部神經集中在耳朵，閉目靜靜地呼吸，等待開花的聲音。開花的聲音非常微弱，但是集中全部的神經時，花與你的心相通，就能夠聽到開花美麗的聲音。

這訓練法能夠使你擁有清新的感覺，同時因爲蓮花就是菩薩座，所以藉著聽到一朵花開花的聲音的訓練，也能夠清靜身心。

當你與花合爲一體時，「碰」的小小的開花聲音能夠使你得到天耳通的能力。

☆利用佛壇鈴的聲音

坐在佛壇前輕輕敲打小鈴時，就可以使眼、耳、手三種精神合而爲一。

僅僅敲鈴，就可以了解到，音色多樣化，各有不同。敲出的聲音，實際上就是在那兒所發出的聲音，但是利用這訓練，就能培養天耳通的能力。不只是敲打鈴發出的聲音，連不敲鈴時，鈴所發出的聲音，都應該能聽得到其音魂。

如果，使用其他的樂器，聆聽樂器所發出的聲音也是一種訓練法。鈴能夠與神佛互通，而且也是具有鎮靜心神的音色，再者，聽到餘韻，餘韻音能夠成爲音魂，漸漸地就能夠聽到千里遠説話者的聲音，而培養天耳通的能力。

第三——他心通

役小角認爲他心通是根本秘法之一，即能夠了解他人心意的力量。以現代說法而言，即心電感應、精神感應、讀心術等。了解對方的心意，以心傳心的方法，自古以來就備受注目。我在暢銷書籍「心電感應入門」中也詳細爲各位介紹，請參考一下。

這心電感應受到時下世界科學家的注目，在美國和俄羅斯等地花費巨額的研究費進行研究。像美國的核子潛水艇和空軍醫學研究所所進行的深海心電感應、月球旅行、宇宙旅行時與太空人的心電感應交信實驗等，大規模地進行研究。

在美、蘇、德、法等各國研究機構，也當成培養間諜的手段之一，而進行心電感應訓練。

科學家們認爲「心電感應能夠證明人類頭腦無限的可能性」，而且在實際生活上應用心電感應，在多方面加以研究實行。

被視爲超心理學大師、ESP卡的創始者美國的拉因博士，傾注全力，長年研究心電感應，而得到其教誨的人很多。

不論古今，了解他人的心意，對於生活術非常重要，以前的宗教家或仙人們爲了培養他心術而進行嚴格的行，其成果就是能在後世留名。

爲各位介紹他心通、心電感應的訓練法如下：

☆利用朋友法

首先，可以以工作崗位的同事、朋友爲對象，按照以下的順序來進行比較簡單的訓練法。

(1)依辦公桌排列的不同多少有點不同，但是選擇在你前方、背對著你的同事。剛開始時，男性最好是以男性爲對象，隨著訓練的進行，可以選擇異性或進行有趣的他心通訓練。

(2)決定對象以後，利用午休時間輕鬆的時候，與對方進行心電感應。

(3)要進行心電感應，你要先集中統一精神。

(4)能夠辦到這一點以後，你凝視對方的後頭部，儘可能强烈地把這訊息送給對方，即把心靈力量傳送給對方，利用心電感應的力量會逐漸增强。傳送力量時，你對對方做出的心電感應是「看這裏，看這裏」。

(5)一次心電感應的時間爲二、三分鐘，最好是五分鐘。

(6)你所傳送的力量或心電感應與對方互通時，對方就會變得無法平靜下來，感到徬徨無力，最後可能就會看看你。如果他回頭看你時，就算是成功了。

這訓練方法非常簡單、單純，但是要反覆進行才能夠得到很好的結果。得到很好的結果以後，再採取更進一步的做法。

換言之，決定具體的內容，進行心電感應即可。在掌握詳細的內容以前，一定要反覆進行。若能掌握詳細的內容，就能夠成功，你就具有他心通的力量了。

☆阿波茲法

若藉著有心電感應的人的幫忙，更能產生效果。

(1)進行這訓練法時，要利用屏風或窗簾隔開一個訓練場所。

(2)在桌子上擺很多的物品，如原子筆、鉛筆、雜誌、打火機、空瓶等。

(3)你坐在屏風或窗簾的這一邊，協助者則站在桌前。

(4)你集中力量，在更强烈的狀態下面，對協助者傳達心電感應，希望他能拿起桌上的

看這裏！
看這裏!!

一個物品，例如「拿起香煙盒」等，反覆傳送出强烈的心電感應。

(5)利用一次訓練看對方能接受到幾個物品的心電感應，或在心電感應以前，事先決定好要取幾個物品，然後再進行心電感應的方法。

(6)記錄你利用强大的力量心電感應的東西，協助者到底能正確掌握多少，計算命中率。若達到五〇%的成果，就算是非常成功了，藉著訓練累積，以一〇〇%爲目標。若能達到八〇%的命中率，就表示你的他心通的力量已經開發了。

☆送畫法

送畫法是比前述的二個訓練法更高難度的方法，若這訓練展現成果，就表示你是一個具有他心通能力的人。

這訓練並非以近距離，而是以十公里、二十公里或一百公里以上遠距離的狀態來進行。

訓練時，可以使用比較容易進行心電感應的繪畫當作模型來用，這些繪畫可能是〇、☽、☆，或是輪廓清晰的鬱金香、向日葵等花。

以如下的方法進行心電感應，而協助者能夠掌握你的心電感應。當然身爲傳送著的你

向遠方的朋友場所傳送心靈感應。
起初可以從簡單的繪畫開始，2個人都要集中精神。

的力量與接受力量的協助者的力量不同，所以送與受二者要交互進行，確認傳送力量強度與接受力量的不同。

⑴手拿著自己所畫的模型卡，面對接受者，然後以心電感應的方式傳遞這到底是甚麼圖案。

⑵爲了更清楚描述，可以用手指在模型卡上慢慢的畫，並進行心電感應。

⑶接受者準備紙和鉛筆，開始畫出得到心電感應後的畫。

⑷送畫法要從簡單明瞭的東西開始，漸漸地變成難的東西。

⑸進行心電感應時或加以掌握時，最重要的就是不要迷惘，而要直接傳送。

利用送畫法，就能夠正確地傳送困難的東西，如果能正確掌握，就能夠得到比其他心電感應訓練法多達數倍或數千倍的效果，而得到他心通的力量。

除了送畫法以外，其他的訓練法最重要的一點是距離的問題。短距離雖然能辨得到，但若隔了數百公里或無限狀態無法傳送或接受，就不算是真正得到他心通的力量。

第四——宿命通

宿命通即能夠看清先前發生的事故或前世的力量。

小角在根本秘法中說：「只要坐禪進入深沈瞑想，任何人都能具有看到前世的力量。」小角在嚴格修行中看到如意輪觀音的姿態，聆聽菩薩的告諭而見到自己的前世。

小角對於自己的前世有以下的敘述：

有一天，役小角登上大峰山，腳邊橫陳著一塊大古木，在那兒有骸骨。骸骨的衣物都已經化爲土，五體並未分散，左手拿著獨股杵，右手持劍仰躺著。小角靠近一看，發現骸骨的眼中長了樹木。小角打算取劍和杵時，卻無法取下來，於是小角向不動明王祈禱。

按照不動明王的啓示，結果原先聞風不動的劍和杵都能夠取下來了。

小角知道這骸骨就是自己的前世，後來劍與杵一生都不離身。

小角看到自己的前世，更加强力量，具有看穿前世的力量。

這宿命通即以靈視、靈聽、靈聞等方式重合，而看到自己前世的力量。這力量若不經由嚴格的訓練，就無法培養，也無法發揮。

經常有靈能者說能夠看到前世，但是以嚴格的意義來說，要解釋自己的前世非常困難。要了解自己的前世是甚麼，就會出現如何轉世的問題。轉生爲甚麼，對於了解前世而言是重點所在。

判斷前世時，轉生以後的前世會成爲一大問題。

根據敍述小角的文獻來看，小角轉生七世。不過有的文獻中則完全沒有提到這一點。小角所看見的骸骨是他本身或相當於他的祖先的人的前世物，關於這一點就沒有定論了。

小角在六神通的根本秘法中列舉宿命通，認爲藉著自己的力量就可以知道自己的前世。但是並沒有詳細探討前世與轉生的關連，要以何種形態能夠使這一點成爲力量，則不得而知。但是藉著了解前世、看到前世，就能夠得到個人的新力量。

靈能者能夠輕易地看到前世，知道前世而了解自己的生活方式。但是要想輕易地看到前世，卻是很困難的。如先前所述的，役小角因爲具有神佛之力，才能看到自己的前世，我們俗人不能輕易看到的。

爲了要看到前世，首先要培養靈視、靈聽的能力以及聽靈言的力量。對於靈能力而言，看穿前世的力量是非常困難的一種。因爲若看到錯誤的前世，甚至連個人的生活方式也會變得錯誤。因此，絶對不能認爲能輕易使用宿命通，或隨便就能培養得到的。只有在完全驅使一切的靈能力，才能夠培養宿命通。

爲各位介紹宿命通的訓練法。

※閱讀本書五九～六七頁所介紹的潛在能力開發訓練法，加以實行來培養宿命通。

☆照片使用法

接著，爲各位介紹的就是利用天眼通和他心通看四張照片，然後來猜一猜照片中人物的前世。

這時如果你能充分活用先前已經介紹的天眼通和他心通，就能夠看穿每個人的前世。看照片時，不要用肉眼而要用天眼來凝視每一張照片，這時也可以唸經文或咒語。心情平和地看照片，能夠看到每個人的前世。

此外，不使用照片也可以看到出現在眼前的人的前世。這時你可以想一想宿命通的意義，尤其關於役小角前世的情形。必須要知道當時所使用的神佛力。

在知道的同時，以冷靜的心情慢慢地用天眼看對方，就能夠看到對方的前世，同時藉著天耳通的力量而知道一切。

①猜猜拍攝這照片的人的前世

②猜猜這少女的前世

③猜猜拍攝這張照片的人的前世

④猜猜這個人的前世

①的答案　戰國武士。
②的答案　桃山時代的歌姬。
③的答案　江户時代的僧侶。
④的答案　江户時代進出大奧的商人的妻子。

第五——神足通

神足通是自由自在往來於靈界、神界的力量。

經常有一些徘徊在生死之間的重症病人，會說自己到寺廟去參拜或遇到了誰，即藉著神足通往來現世與來世之意。

以現代意義來說，神足通即幽體脫離，是意念移動物體的意思。

這幽體脫離的現象經常舉黃教爲例來說明，黃教教徒往來於靈界、神界的現象常爲人所傳述。許多人藉著幽體脫離就能夠見聞靈界、神界的事。

關於幽體脫離的神足通，在二〇〇年前所寫的西藏的「死者之書」中，也有詳細的介紹。

幽體脫離的經驗最近非常多。雖然懂得神足通的人並沒有增加，但是能夠得到幽體脫離證言的演藝界人士非常多。

歌手ＫＡＴＳＵＭＩ就是一位體驗者。有一次他覺得自己的腳飄浮在空中，感到非常奇怪，看著自己的腳邊，結果發現自己仍是以普通的狀態躺在那兒，但是感覺上很明顯地自己的身體已經從床上飄浮起來了。

瞬間，他想這可能是幽體脫離，幽體脫離了肉體吧！如果不能再回到肉體可就糟了。在這麼想的瞬間，卻感到身子已經回到肉體了。

電視演員小林千繪也有幽體脫離的經驗，身體浮於床上方五公分處，然後又落下恢復了意識。

女演員蘆川小姐也有想要幽體脫離時，能夠自由自在前去任何地方的幽體脫離經驗。

接著，爲各位介紹培養神足通力的訓練法。

準備半紙大的圖畫用紙，畫著你本身躺在那兒的圖畫，這畫可以用鉛筆和水彩筆來畫。只要是自己的姿態即可，儘可能畫得漂亮些。

畫好的畫放在眼前四、五十公分處，瞇著眼睛仔細凝視，在不太亮的地方仔細凝視較有效。

一邊凝視繪畫，一邊使自己的意識陷入茫然狀態，頭腦中一片空白。

這時輔助的方法就是聽一些安靜的音樂，很有耐心地重複持續看著畫，就會發現看見另一個自己。

使用百合花瓣法

準備百合花瓣，百合花被喻爲是靈花，具有神秘的氣息，所以可以使用這花瓣。這是關東附近的人經常使用的方法。準備三片百合花花瓣，飄在水盤上，瞇著眼睛仔細凝視浮在水上的百合花瓣。

成爲無心的狀態，放鬆全身的力量，用食指在水中寫著「靈」或自己想要叫喚的死者的姓名、年齡、數字，寫完以後以放鬆的狀態看著水盤。

採用這種做法時，很多人問的問題就是如何使幽體脱離再還原？只要同樣地使用黑色或紫色的百合花瓣，就能夠自然地還原了。

使用香灰的方法

儘可能使用剛燃燒過的灰燼，不要選擇燃燒已久的灰燼，而是爲了幽體脱離而重新點燃線香，將燃燒的灰燼收集在小盤上。

收集在小盤上的灰，撒上少量的鹽，男性用右手女性則用左手把小盤放在手掌上，然後凝視著灰。

甚麼都不要想，只要凝視就可以了，或一邊想著自己想要去的地方與想要見的人而凝視著香灰。

使用椿樹皮的方法

在樹皮中最好的就是椿樹皮。

先剝掉椿樹皮，然後把皮攤開如紙一般大，將其曬乾。

乾了以後灑上酒，乾了以後再撒酒，反覆進行。

乾了以後在中央用墨寫「靈」字，寫好以後把樹皮捲起放在身上。持續這訓練時，就會產生身體中有東西脫離的自覺症狀。

利用以上的方法，就能培養神足通的力量。

神足通是在與靈界或神界進行嚴肅的交流時所使用的，絕對不能以開玩笑的心情來使用。

第六——漏盡通

漏盡通即人類的煩惱、心靈的黑暗完全消失，能夠隨心所欲的力量。

這六神通中的漏盡通，釋迦還有附帶説明。釋迦認爲這是了解宇宙原理，擁有正確世界觀與人生觀度日的最高力量。

役小角也認爲漏盡通是最高、最難、最不可或缺的力量，要捨棄自私自利主義與慾望，完全打開領悟之門的人才能擁有這種力量。

役小角能看千里、聽千里、奔馳千里，但是他認爲這只不過是一種力量而已。六神通的最後目的，就是要學會漏盡通，並加以實行。

換言之，役小角認爲即使學會了天眼通、天耳通、他心通、宿命通、神足通等力量，只要使用這些力量的心，也就是漏盡通不正確、不强的話，就會成爲錯誤力量的使用方法，事實上無法達到目的，特別强調六神通根本秘法的最高境界，就是漏盡通。

若不能正確培養或實行漏盡通，就好像與惡魔等惡道使用同樣的力量，没有任何意義。

但是要如何訓練、培養漏盡通呢？這和先前的五種不同，非常困難，如果不進深山進行嚴格的行，恐怕無法培養。

尤其現代的年輕人，縱使希望擁有比他人更多的優秀力量，但是就環境面或忍耐力而言，都是很困難的。

我以現代的方式，爲各位介紹天眼通、天耳通的訓練法，不過老實說，我對於漏盡通沒有具體的技巧。

爲甚麼呢？因爲漏盡通是五神通的集合體，就算能培養各種力量而加以應用，可是若訴說一些抽象的心靈想法，根本沒有任何意義。

與其訴說抽象的心靈想法，還不如一一培養各種力量，從中考量應用力量的使用方法，才能夠完全熟悉漏盡通。

完全熟悉漏盡通再加以實行以後，最重要的是必須要自覺性地活用人類的眼、耳、鼻、舌、身、意六根。

例如：人類的鼻子能夠分辨香氣，聞香氣能夠使身心舒暢，使心中靈光乍現。聞活生生草木的香氣與活生生的草木心意共通，是漏盡通需要的一面。

此外，說到聞香氣，有惡臭與香臭，也有死臭與靈臭。靈格較低具有低級靈的人會瀰漫惡臭，擁有漏盡通力的人卻不會瀰漫惡臭。

人類的舌頭也有感覺，嘴巴吃盡美味的東西或不好吃的東西時，舌會敏感地產生反應。語言有味道，這味道用舌頭來品嚐。有味道的話語、從心靈溢出的經驗和情愛的話語等等，或在一卷經文中能夠充分玩味的話語，或是對他人所訴說的話語，都是頗耐人尋味的話語。

利用眼、耳、心來加以品味，就能夠培養漏盡通，同時也能夠對他人訴說。能夠超越時空，基本上就能具有漏盡通的力量。

漏盡通不像其他五種力量一樣有方法或技巧。也許我的比喻不恰當，我認爲漏盡通就是汽油，而且是價格昂貴、能夠發揮强大力量的汽油。即使再美好再氣派的車子，沒有汽油，車子也無法使用。

漏盡通是六神通的基本，是根本。

小角有前鬼、後鬼跟從
（吉野山、金峰山寺、藏王堂）

第四章　具有神通力的現代靈能者

——要如何得到這力量，如何活用呢？

眞正有力量的人非常謙虛

我認爲現代的靈能者應該是在多方面領悟六神通的人。目前在國內包括自稱他稱在內，存在著數萬個能力者，但是以真正的意義而言，具有强大能力的人，真正學會六神通而加以使用的人，畢竟佔少數。

現在我以個人的方式分析介紹役小角，就是因爲他是一千數百年前的偉大人物。不僅如此，承襲其精神、累積嚴格修行的人，現在仍然存在。而且我認爲各位讀者也能夠把自己隱藏的能力稍微使之開花結果。

本章中，我把本身直接見聞的能力者如何學會小角所教導的六神通，如何活用於現代的重點列舉如下：

也許所列舉的人物各位會有意見，可能會有比我現在列舉的人物更有能力的人存在。但是開始研究心靈世界至今三十九年來，按照我的標準選出了這些人。不像一些能力雖强，卻拘泥在六神通最根本的自己的煩惱和惡心中的人，我省略這些人，而選擇在自然狀態下經常懂得使用力量、隨心所欲的人。

欠缺六神通的人，也就是因自己的能力而感到驕傲、傲慢的能力者，在此不提。極端地說，這些「天上天下唯我獨尊」、不具有聽他人的耳朵，不考慮他人的心靈而只會强調自我的人，在此省略不提。

到目前爲止，我在國內就見到八百多位靈能者。這些人在最初都很謙虛，希望能强化發展潛在能力，得到衆人的信賴，讓大衆傳播爲他報導。

但是，遺憾的是，逐漸成名以後，很多人都會成爲欠缺六神通的靈能者，只忙著賺錢。欠缺六神通的人，非常驕傲，誤以爲自己是役小角轉世者，認爲自己是菩薩轉世而來的，甚至有人自稱是卑彌呼的轉世者。相信自己是這樣的人，心理學家所說的集體歇斯底理狀態的團體出現了。這些是非常遺憾的事，同時也會危害世人，成爲毒瘤。對於真正學習心靈世界的人而言，也會造成不良的影響。

我認爲只有謙虛努力貢獻的人，才是真正對人類有幫助的能力者。

在此，我列舉直接收集資料的六人，他們全都是有優秀的能力，平常會側耳傾聽他人的聲音，幫助解決他人的煩惱。

①北條靈峯

北條希功子北條靈峰，聽取來自神佛的教誨，也就是神示，同時也能聽到來自靈界的通信，具有天耳通。她也具有看穿前世的宿命通，利用這些力量幫助他人。

據她說，在使用自己的力量時，最重視的就是他心通。

「很多人來和我商量，但是要正確地掌握靈現象，最重要的是要了解對方的心意。」

這是她的說法。

三十餘年來，北條靈峰一直能保有靈能者的地位，就是因爲她擁有很强的漏盡通，對她而言，這也是最重要的一點。漏盡通在役小角所教的六神通中是最困難的一種，而能力者，首先要去除煩惱、惡心，才能夠隨心所欲，所以能力者本身必須要擁有强烈的領悟。

北條女士認爲：

「我先想到的是要磨練自己，藉著磨練自己，才能夠培養成爲能力者的力量，同時也能夠加强這種力量。」

這是她的說法。

她本身有此想法，而根本上長年累月來能夠藉此成爲靈能者的活動。

北條女士一度是非常受人歡迎的女演員，同時也是備受矚目的靈感女演員。當時被稱爲靈感敏鋭的女演員，不過關於其靈能力到底如何，如何使用這些靈能力等等，並沒有加以談論。

在一九六七年時，我遇到北條女士，她說：

「我完全無法判斷自己的能力。」

她對我這麼說。

我說：

「魚與熊掌不能兼得，只要成爲靈能者即可。」

我給她如此的建議。雖然我承認其力量，但是對於她是否能真正展現靈能者的活動力，我感到有點不安。但是她對於我的建議卻有如此的回答：

「我會試試看。我想只要努力，便一定會成爲對他人有所幫助的能力者。」

北條女士下定決心成爲一位靈能者，開始學習各種事物。但是長年待在演藝界的她，要擇脫很多的束縛，下定決心，一開始並非很順利的。

於是，我想到一個方法，就是讓她在電視上表演，讓更多人看到其力量。在青森縣的恐山由女巫與她對決，比較能力。以恐山爲舞台，在女巫與北條女士的能力會戰中，北條女士獲勝了。節目引起很大的迴響，提昇驚人的收視率，而當時『靈能力者北條希功子』的聲名遠播，對於其存在價值也得到很高的評價。

到現在爲止，稱爲靈能力者的人非常多。不過在當時靈能力者卻非常少，而且無法得到世間的評價。自恐山的能力會戰以來，「北條希功子」之名在大衆傳播界非常高。

「如果沒有參加這一次節目的演出，我身爲靈能者的評價如何我也不得而知。利用這節目能夠使得靈能力，以及我本身得到正當的評價。」

她曾如此述懷。

北條女士藉著恐山的對決而增強了潛在的靈能力。對於這一點，她有以下的敘述：

「真是很不可思議，一心朝向神佛誦經，在我耳邊就聽到了許多的靈示。這可能就是天耳通吧！聽到觀世音菩薩、不動明王、耶穌基督、大日如來的聲音，得到許多的教誨，指示具體的做法。」

北條女士後來接受靈示與神示，按照祂們的教誨而開始展現自己的靈能力。能夠做出具有強大威力的符咒，同時也得到除靈、淨化的力量。

「如果没有神佛的教誨和保護，便無法成就現在的我。尤其彌勒菩薩的教誨，是我的力量的一切。」

這是她的說法。

她並不像很多的靈能者一樣進行過特別的行。許多靈能者會馳騁於山野，或坐在瀑布下接受瀑布水的打擊，進行這些痛苦的行，但是北條女士完全没有進行這些行。關於這一點，她有以下的說法：

「我雖然没有被瀑布拍打或登山修行，但是在神佛前合掌、誦經、進入恍惚狀態時，很自然就能聽到神佛的聲音，看到靈界。在恍惚狀態時，很自然地就能了解患者的患部，能夠加以治療。

我是在自然的狀態下，覺得自己與宇宙溶爲一體，對我而言，這就是日常生活中嚴格的行。」

她又持續説道：

「有很多人會問我一些複雜的問題。這時我覺得自己好像一張過濾紙一樣，過濾問題並加以解決。因此進入深沈的恍惚狀態，藉著幽體脱離而能夠解決問題。」

北條女士總藉著幽體脱離而能解決問題，也就是藉著她强大的力量而能自由出入靈界、神界的力量（神足通）。她能夠看到他人的前世，往返於靈界與神界，能夠更正確地看清前世，因此能使協談者得到滿意的結果。

「真是很不可思議，也許你會覺得我很不努力，但是關於役小角的事情，我真的甚麼都不知道。不過在很久以前，我就祭祀役小角，也就是神變大菩薩，可能是我在無意識中接受彌勒菩薩的靈示而祭祀役小角吧！

這是我在自然中所進行的行，也是累積而來的。最近我知道我所畫的符咒中，也有神變大菩薩的符咒。不論任何符咒都是同樣的，而我在畫特別符咒的時候，都是以自動書記的方式畫的。」

北條女士只不過是忠實地實行靈示、神示，並展現其力量而已。

「身處在這世界上的我，所得到的力量是由神佛借來的，隨時都要還給祂們，在借來的時候，一定要正確地遵守規定。」

她這一番話的確耐人尋味，也就是實行了六神通中最基本的不恥、不驕，將神佛的教誨改變爲自己力量的漏盡通。她自己說：「是借來的。」同時能忠實地加以實行，因此能實行最困難的漏盡通。

北條女士並不是與役小角有直接關係的靈能者，但是她所實行的力量與小角的六神通的教誨有關。我希望北條女士能夠成爲六神通的實踐者，今後仍然持續成長。

②宮坂吉見

「我接受役小角的靈示，三十餘年來爲解救在靈世界苦惱的人而活動。我認爲這是役小角給予我的使命。」

宮坂吉見是優秀的漏盡通、宿命通的靈能者，她全力使用這些力量，專心治療患者的疾病。關於她所具的能力，以往在報章、雜誌上也曾報導過，她雙手所發出的強大力量，也深獲好評。

「甚麼?這都有效嗎?」

導演笑福亭鶴光半開玩笑地說著，但是十餘分鐘以後連鶴光都瞠目結舌，感到非常驚訝。看到她的樣子，宮坂說：

「現在傳送的力量，循環鶴光的全身，而使他進入恍惚狀態，但是神經並未沈睡，因此發生在周圍的事，全都能了解。」

結果鶴光有如崩潰似地倒了下來，伸直手腳，但是只有右手與本人的意志完全無關，在那兒不斷地打轉。

「喂，停止，怎麼不停止呢?」

鶴光看著自己的手，但是卻無法停止自己手的動作，而在大聲呼喊著。

接受宮坂的力量，會產生激烈動作的部分，就是罹患疾病的部分，也就是產生了明顯的治療效果。

宮坂女士的優秀力量解救了很多病人，她認爲這是役小角賜給她的使命。

這是在大阪電視台所進行的實驗，包括鶴光在內的很多人都感到很驚訝。

「我曾經治療因小兒麻痺而導致雙手殘障的少年，持續一年餘的治療，這位少年現在能親自抄寫般若心經了。」

根據少年雙親的說法與宮坂本身的說明，的確展現很好的治療效果。

「試著用波拉一步攝影機拍攝自己的姿態，結果發現半身是透明的。」

宮坂女士使用波拉一步攝影機做實驗，是藉著役小角的靈示而進行的。

「請教導我控制力量的方法。」

距今三十餘年前，宮坂女士來拜訪我，請我教她控制力量的方法。當時她在某家商店當店員。當力量很自然地增强時，她需要能夠幫助他人，卻不知道怎樣才能夠幫助別人，於是來拜訪我。

我建議她一些增强力量的方法與不會浪費力量的方法。

宮坂女士認爲自己的力量都是役小角所賜給她的，因此她也納入我所教她的控制方法，開始解救許多有疑難雜症的患者。

「我把役小角視爲本尊來祭祀，藉著本尊所傳授的各種靈示，進行除靈淨靈。役小角的靈示非常具體而適當。如果我沒有得到小角的靈示，恐怕我只是一個平凡的老太婆吧！」

宮坂女士得到小角所賜予的各種靈示，其中最美好的一點就是：

「教祖，請指示我適當的靈示，告訴我如何解救這病人。」

宮坂女士面對役小角像默念時，就聽得到役小角的聲音，也就是宮坂女士學會了宿命通與神足通。在領悟時，也得到小角嚴格的教誨。小角在教誨中訴説人類生命的尊貴，警戒不可以怨恨他人或沾沾自喜。

若宮坂女士稍微帶有邪心向小角請求靈示時，就沒有任何靈示出現，她本身反而會覺得痛苦。換言之，當宮坂女士本身有邪心時，爲了讓她領悟到這一點，她的身體會失調，最後凡事都進行得不順利。

「真是可怕的小角，如果我對患者不盡心進行治療，他就不再教我甚麼了。」

宮坂女士由於這些具體的經驗而增强力量，同時也警戒自己不可以用掉以輕心的態度來回答患者的要求。

宮坂女士增强自己的力量最大的方法，就是把心力全部灌注在役小角所教會的六神通中。宮坂女士並沒有進行特別的行，而是藉著來自小角的靈示，在日常的行動中展現行、實行行。將每一個問題的解決當成行，灌注全力來進行。

「教祖，如何解救這名神經有毛病的患者，請你告訴我正確的做法。」

宮坂向役小角請求靈示時，耳邊清楚地聽到小角的靈示聲，立刻按照靈示所指示的行動去做。

宮坂女士發揮了成爲小角在這世上媒體的作用，忠實實行小角所給予的靈示，幫助他人。

宮坂女士生而爲人，有時會有邪心。這時就會受到來自小角嚴厲的叱責，有時手腳的活動都變得遲鈍，原本平常能輕鬆活動的手，也變得無法活動了。

出現這種現象時，宮坂女士能夠了解到這是小角的警告，以能否領悟到這一點來決定其力量的强弱。

現在宮坂女士全家人都遵從役小角的教誨，進行除靈淨靈、疾病治療的工作。全家人都忠實遵守其教誨，就是能得到這些力量的最大要因，所以還是要貫徹六神通。此外，也談及小角所給予的靈示，消除了宮坂女士全家人的煩惱、惡心，培養能在大自然中隨心所欲的力量，忠實地加以實行。

有很多因爲靈煩惱而來到宮坂女士處商量的人，她一定會親自爲每個人解決問題，這種誠意也能夠掌握人心。

「教祖，可以這麼做嗎？」

宮坂女士對於自己所進行的每一事項都會請教役小角。

「我還是個不成熟的人，若沒有來自衆人的教誨，就無法把這些教誨當成糧食。包括遵守小角的教誨的我在內，全家人都能發揮靈能者的作用。」

長期觀察宮坂女士能力的變化，我相信宮坂女士今後還能持續發揮強大的能力，而我也希望如此。

俗話說：「不忘初心。」——因此宮坂女士們全家人才能得到保護，使她們能成爲在現代忠實之行役小角教誨的靈能者。

③明王院寂照

明王院寂照是與役小角有密切關係的靈能者，對役小角而言乃是不可或缺的存在之不動明王，是她祭祀的本尊，而接受其靈示來展現行動。

「我的靈能力是來自不動明王，藉著她的力量，我負責解救人類的苦惱。」

現在她主持擁有二十餘萬會員的組織，日夜活動。以不動明王的力量爲其根源的她，會爲仰慕她、求她解救的人布施不動明王的功德。

她在爲他人施功德的時候，經常注意到的就是要消除自己的煩惱、惡心，很自然地就能擁有六神通。

「如果我產生私利私慾或自我，就無法施功德。」

她對於自己所進行的基本加以敘述，以六神通爲出發點，甚至連千里之遠都能看穿的天眼通，以及能聽到遠處聲響的天耳通，還有看穿他人前世的宿命通等力量，她都具備了。持續日夜的活動。

明王院寂照正式展開活動已經二十餘年，而利用這活動聚集二十餘萬名會員。由此可知她的確具有優秀的靈德，同時也深具吸引他人的魅力。

「不知道該怎麼辦？無法判斷時，各種神就會在我的枕邊，在夢中告訴我應該實行些甚麼事。我按照自己的吩咐去做，此外還會出現一些可怕的靈，該怎麼辦才好呢？」

最初她來拜訪我的時候，說的就是這番話。當時她只是一介主婦，但是身邊發生了這些不可思議的事情，她想知道到底是甚麼原因而來拜訪我。她讓我看幾乎有一百張便箋而用小字寫的各種體驗記錄。此外，也拿了一些畫著很難了解、有如文字一般的繪畫來給我看。

我聽了她的談話以後，從各種角度對於記錄和繪畫進行分析研究。

我的結論就是：「得到守護靈尤其是不動明王的靈示，在不久的將來，能夠成爲不動明王的使者而活動。」她本身只要忠實實行所給予的靈示，就能夠成爲優良的靈能力者。

我這次寫役小角的時候，藉著與小角有密切關係的不動明王的靈示，爲了寫有關她活動的事項而和她取得連絡。這是闊別二十餘年後的再會。看到成爲優秀靈能力者而成長的她，令我感到非常高興，她也努力地學會小角所教導的六神通，解救許多人，施功德，因此我確信她的確是接納了我的建議。

在寫下她的談話內容與想法之前，要介紹有關她的事。

再見到她的一個多月以後，她寄來了一封邀請函，是『慶祝明王院寂照活動二十周年宴會』的邀請函。

當天早上下了傾盆大雨，我帶著一絲不安的心情到達會場。到達會場以後，讓我感到驚訝，雖然下著大雨，但是會場內有數百名男女老幼。聚集的人全都是透過她而得到不動明王功德的人，每個人臉上的表情非常開朗，好像慶祝慶典似地充滿著喜悅的氣氛。

我在典禮開始前訪問幾個人。

「寂照先生是甚麼樣的人呢？」

大家瞬間感到很迷惘，但是後來卻很高興地說道：

「她是非常偉大的人，親自救助我們。」

「我得到寂照女士的照顧已經十年了，體弱多病的家人全都有了元氣。按照她的指示，工作獲得了成功，我們把她當作活的不動明王崇拜著。」

我所訪問的幾個人，全都稱讚她是優秀的靈能力者。

再次見到她，想知道她到底是用甚麼方法來從事活動，她卻對自己的活動有以下的敘述：

「我現在基於不動明王的靈示，先調查個人的守護靈、背後靈，調查個人所具有的靈氣，進行除靈。

除靈，尤其是難應付的靈，要進行二天二夜的加持祈禱，去除依附在身上的靈。當然這時也接受來自不動明王的靈示，同時也會調查前世。」

「用甚麼樣的方法調查前世呢？」

我感到很有興趣而問她。這時她的回答如下：

「現在我這兒有幾個力量強大的弟子，調查前世時，就使用這些弟子。讓弟子的心靈進入恍惚狀態，利用自動書記的方式畫出前世人的繪畫。利用自動書記畫出的人，有的是古人，有的是現代人，讓關係者看所描繪的畫，確認是否爲其前世。」

這種調查方法，我也能夠了解。世界上優秀的靈能者，調查前世時，幾乎都是用自動書記的方式畫畫，藉著畫而加以證明。

寂照女士也進行疾病的治療，她本身所强調的治療是使用能量。這能量就是六神通中所顯示的天眼通、他心通、神足通等能量，展現極大的成果。

現在，她最大的主題就是和用他心通的方法，去除個人心靈的偏頗，治療心底傷口的方法來解決家族問題、家庭問題。這些方法也使她得到個人的信賴。

寂照女士忠實地遵守不動明王，也就是役小角的教誨，並加以實行，希望今後還會有很大的發展。

④長濱裕教

靈感者、靈能者、超能力者，是能夠看到死後世界與靈界者的總稱，這不是予人喜悅印象的名稱。

人的生死是家常便飯，每天都會重複，談不上是大事。

但是，在你活著的時候是在甚麼地方呢?當我問這問題的時候，所有的人都會感到迷惘吧!

「這個嘛——。」有的人不知該怎麼回答，有的人則說：

「你怎麼會問我這個奇怪的問題啊？」

「已經知道的事情何必再問呢？」

「別說笑話了。」聽到別人的責罵，沒有任何人會說自己是存在於靈界。

但是，突然得到靈感的我，調查自己生存以前的事。在一九六六年十月二十七日下午二時，我突然產生靈感，從此以後，我能來往於現界和靈界（我本身發生了不可解的現象）。

我一向認爲靈感與靈能力絕對不能掉以輕心地來進行，想要以賺錢或半開玩笑的心情來進行靈視，調查自己的前生或他人的前生的靈能者，或想要利用靈感調查祖先因緣的靈能者都存在著。

還有利用他人名聲的靈能者，這其中也有利用靈能力持續與神靈溝通的靈能者，但是他們卻利用這些能力從事宗教活動，而登上開祖的寶座。

因此他們會開始叫嚷著：「神靈移到我的身上。」然後說：「我就是神，是活神仙。」盡說一些不好的話。自己也相信如此，覺得自己好像有尊嚴的靈能力者，好像是散發著黃金光輝的金字塔一般，最後就視之爲賺錢的手段。

但是，即使水、土壤、空氣再骯髒或乾淨，水還是水。除了水以外，不可能是其他東西，水就是水。即使具有靈能力，除了靈能力以外，甚麼也沒有，靈能者並不能成爲神。換言之，靈能者如何利用其能力，才是最重要的事。

即使是無聊圖案的布，若是出自名家之手，就會完全不同，成爲珍貴的作品。現在靈能力還是屬於未知的領域，是任何人都没有見過的生前的世界。我拚命地利用自己的能力踏上探訪靈界的旅途。

但是僅僅如此還不夠，需要遇到此道的研究家學習密教，加入中岡先生的研究團體，遍歷諸國，才能增加收穫。掌握在那兒遇到的靈能力能夠加以有效利用的人，才是具備偉大人性的人。性格優雅，非常爽朗，才更能接近神。

藉著正確有效地利用靈感、靈能力，才能發揮其真正價值。

現在我知道自己是靈界的報導員，是靈界的翻譯者。爲了尋求其真正價值，我今日仍徘徊在靈界中。

⑤多田吉爾塞

「我從小時候起靈感就很强，考試時經常能猜中題目；小學時就預知到朋友哥哥的死亡，不幸猜中，令周圍的人都感到很不可思議，尤其是不幸的預言，一定會猜中。

現在則能治療寵物的疾病，或當他人生病時，用自己的手自然地到達痛處而治療患者的疾病。」

十餘年前遇到多田吉爾塞小姐。

「在遇到先生之前，的確能治療動物，若運動選手脱臼，也能加以處理。通常運動按摩專家做的事情，我做起來卻非常有效，大家也這麼説。高中時代也曾從事陸上競技和體操，經常使用這些方法。甚至連排球選手受傷時都到我這兒來治療。」

繼續訪問多田女士。

「可能從這時候起我就開始對治療有興趣吧！因爲自己能治好他人而充滿了自信，想要治好他人的心情變得更強烈，因此持續治療。如中岡先生所説的，生物體能量或力量，我想都未曾想過，但是我的確比別人有更强烈的靈感，而且能夠治療疾病。從國中、高中大家都在傳説這一點。我經常能猜中考試方面的問題或比賽到底誰能獲勝。」

「對我而言，最不可思議的就是，以前從來没有説過的話，卻突然説了出來，而且主要是在指導他人的時候。不是在治療的時候，而是一些好像在説靈的話的時候，或談論靈障的問題時會產生這些現象。雖然聲音没有改變，但是使用的話卻不同，會説一些比較艱澀的字眼或一些古老的話語。

這時候，我認爲我借助了他人的靈力。

我的治療特徵是看背後。治療時一定要看背後，到達背骨線時，手會停在某處，這時我平常不唸經不唸佛，這時卻開始唸經唸佛。但是我本身卻沒有意識到，事後會在想到底是在唸甚麼呀？當時所說的話非常奇怪，讓我覺得我不是自己了。

現在我的母親有時候也會說，這好像不是我的女兒，因爲這些話好像不是自己的女兒所說的話，就好像陌生人一樣。

看著背後治療時，經常會在嘮嘮叨叨地說些話，這時我覺得自己好像不是自己。

我會看著患者的背部，腸胃不好的人、腳不好的人，都是背部先看起。從脖頸到背骨的部位，觸摸以後，就會知道不好的部分。由背部也會知道胃或腰的情形，非常不好時，血壓異常，血液循環不良，或知道這人是罹患了手腳冰冷症等等，看著背部就能夠了解了。

但是，先前我說過，在治療中我好像唸著一些經文似地，我認爲自己一定是借助他人的力量而進行的。」

「我意識到自己想要到那兒去時，就會出現幽體脫離的現象。例如：我想到別人家去，當然並非真正地到別人家去，但是我卻很想看看這個人家中的情形。進行精神統一後不久，我就能看到這家人的玄關和藍色的栅欄。接著看到漆成藍色的車庫，進入玄關以後，左側有佛壇等等。

集中意識想自己去看看，並不是透視，而是擁有强烈想要去看看的意念。

我把我所見到的事情告訴那個人，對方說我可能是飛到他家中去看的。

當然，我並非真的前去，而是在心中刻劃這些樣子，好像自己從高處俯瞰下方似地。

房間內、周遭的景色、道路標誌等都一目了然，連自己都覺得很不可思議。

我這麼說也許你難以置信，但是到目前爲止，飛得最遠的距離就是從大阪到北海道。

當時，我不了解自己的身體狀態到底如何。

結束以後，瞬間自己的身體會發冷發抖，這時我覺得自己真的是看到了。」

閱讀至此，相信你已經知道了吧！多田女士具有天眼通、天耳通、他心通、神足通的力量。

自己身在此處卻飛至遠方的力量，這也是役小角經常發揮的力量，而她也具有相同的力量。當她對我說話時，非常謙虛，絕對不會誇張或驕傲，這種態度是得到第六力量漏盡通的第一步。

⑥安達廣呂子

第六位登場的是安達廣呂子，她是現代靈能者之一。以下所刊載的是她寫給我展示其靈感的信，有點冗長，但是閱讀以後由你自行判斷。

✻　✻　✻

太平洋戰爭更爲激烈化的二月十二日，誕生於午夜0時。母親小時候經常做夢，並且夢會實現。母親成長在加賀白山山麓，有一天做夢夢見附近的寺廟白蛇從蛋殼中出來向她打招呼。在白蛇的帶領下到一個地方去，看到了很多白蛇。

出生二個月前，母親在夢中夢到「二月十二日孩子會出生，出生後三個月，這孩子除了白衣服以外，甚麼都不能讓他穿」。除了白衣服以外甚麼都沒穿過的我，長期以來一直被誤認是男孩。

我的曾祖父太田七郎門在白山山中和動物共生存，同時聽說猴子好像在守護七郎門似地陪伴在側。

母親的娘家太田本家現在已經衰退了，而在大宅遺跡的路邊有弘法池。據說以前旅行的僧侶想要討水喝，但是因爲村中沒水，大家都不知該怎麼辦？只好把還留在缸底重要的水給了和尚，說：「只剩下這一點了，對不起。」僧侶爲了致謝而用手杖不斷地敲打，結果從地中湧出水來，後來村人就沒有飲水之苦了。

當時的和尚就是弘法大師，成爲釜形的弘法池，現在仍不斷地湧出水來。等到母親掃墓時，我初次到母親娘家。

當時我六歲，雖然還很小，但是卻覺得這不是我初次來的場所。沒有從他人處聽說有關池的事，我卻很想去看看這池。不知道場所在何處？但是我卻朝著目的地奔馳而去。

當池出現在眼前的感動，至今仍記憶猶新。爲甚麼我不知道的場所，我卻知道它存在於何處似地展現明確的行動，我無法判斷。在鄉下時，終日待在池邊，讓我覺得很快樂而舒服。池周圍大約一公尺左右，像釜形一樣不斷地湧出水來。

來到池邊時，感覺有如乳白色的雲一般。留著長長的鬍鬚，連臉的輪廓都清晰可見，右手拿著手杖的矮小老爺爺，雖然沒有說話，但是我卻覺得他好像一直在說話似地。當時我只有六歲，卻有一種舒服的感覺包圍著我。

最讓我感到快樂的是，老爺爺用手杖接觸水時，池水綻放光明，接著他用手杖在水上寫字時，水中會浮現出字，紅色、藍色、黃色、綠色、白色的水珠，就好像萬花筒一般，變化萬千，使我忘記了吃飯。雖然老爺爺在旁邊，可是母親卻看不到，我覺得非常快樂。後來，我就一直請求母親帶我到鄉下去。

進入小學就讀時，罹患腎臟病，無法參加運動會，就自小學畢業了。由於父親工作的關係，從兵庫縣遷移到京都。在搬家時，希望疾病痊癒，但是腎臟病卻慢性化。到了中學二年級的第二學期末時咯血，經診斷罹患了肺結核。

從小就很少說話的孩子，在罹患了疾病以後，變得更爲沈默不語，瞪著天花板，已成爲我的日課。除了疾病歷史以外，還陸陸續續地發生了以下的事。

小康狀態、升學、畢業、再發、結婚、生產、再發、離婚、因第三度結核而住院，因爲藥的作用而產生强烈躁鬱狀態，爲了壓抑躁鬱狀態而使用抑鬱劑，服用鎮靜劑、安眠藥，但是口角卻不斷下垂，流口水、口齒不清、無表情、無感情、無肌力、眼瞼無法張開，身體倦怠、手臂無法動彈，無法做事，摸摸好像屍體一般躺在那兒的我的臉頰的護士和醫師都說：「睡得很好嘛！」但是我的神經卻異常清醒，好像有千里眼似地，能看到遠處的事物，而我的肉眼確實能看清遠方，同時能夠知道他人無法判斷無法想像的無知世界，體驗到意識與肉體完全不同。我知道如果停止藥物的服用，自己就會好像廢人一般。雖然身體無法動彈，但是意識體卻非常清晰。於是我開始利用心和意識摸索，使意識和肉體能夠合爲一體，能夠很有元氣地發揮作用的方法。

在這期間，出現鬱症狀獨特的理性無法壓抑的情緒發作現象，無法忍受的悲哀，沒有時間的遠近感等等，每天都有超越想像的痛苦時間襲來。我極力地探索恢復健康的方法，在清晰的意識中，我想到六歲時在白山山麓弘法池遇到像乳白色雲一般身材矮小的老爺爺。想到我經常待在池邊，而老爺爺的手杖接觸到水時，閃耀著光芒，而水珠有如萬花筒一般的美麗變化，令我十分快樂。

老爺爺把閃閃發亮的水珠放在手掌上，變成乳白色的液體，並且要我喝。喝了以後，我發現非常美味，感覺有如水珠滲透至五臟六腑中似地，而形成我肉體的細胞一一發揮了作用。在微觀世界中，很有活力地開始活性化。

在肉眼看不到處的「大力量」、「意識」、「肉體」結合而成的自然治癒力，使得我萎靡無法動彈的身體開始展現了活動。雖然强烈殘留著藥物的副作用，但是我開始過著截然不同的生活。

後來在肉眼看不到「那位人士」的指導，與在他擁護下產生不可思議的力量，感應到不可思議的世界。對於自然界的神奇與感受的肉眼看不到世界的力量，令我產生了深深的敬畏之念。讓我了解到不能違背自然的道理，高次的知性與肉體的知性是屬於完全不同的次元，而且當肉體與意識體（思考）一體化時，一定能夠發揮偉大的作用，這成爲我高次知性的感應體驗。從我好像屍體一樣躺著算起，已經歷二十五年，完全沒有時間的遠近感。回顧以往的歲月，令我感到驚訝。

回到原來的話題，經歷過不可思議的感應體驗，但是由於受到藥物副作用的影響，因此長期以來都無法適應社會生活。在辛苦之餘，說服嫂嫂讓我供養祖先，進入宗教之門。但是卻經常受到不注重心靈而以教理經典爲優先考慮的組織的壓抑，最討厭的事就是製造惡靈，沒有進行最低限度的努力卻發生對自己不好的結果，這都是因爲靈作祟的緣故，而我爲了拒絕這種任性的行爲，而產生了拒絕反應。

後來，在用餐時無法拿筷子，伴隨各關節激痛的症狀出現了。過了二年臥病在床的生活，到京都醫院K醫院與F醫院診察的結果，骨已經破碎，即使動手術也無法步行。後來在一九七八年又因子宮癌而必須立刻住院！雖說要立刻住院，卻又無法輕易地住院。

不斷地生病，而舉債也成爲沈重的負擔。爲了避免給保證人帶來負擔而賣掉店鋪。孩子學校的事情、生活事宜、住院費等等，都必須要張羅。雖然罹患了癌症，可是每天都過得非常忙碌。天天都瞪著天花板，我不停地問自己：「爲甚麼會變成這樣子？」感到非常痛苦、悲哀、懊惱。雖然怨恨命運捉弄人，但是住院應該整理的事務都把它整理好。望著天花板時，我進入一個不知道是夢或現實的微睡狀態，看到鮮明的字浮上來。這時，我想起六歲時和好像仙人一般的老爺爺約定的事。

在我想到約定之事情的同時，在白煙中又顯現了那位老爺爺的姿態。觸摸到白杖時，我產生一種安心感。經過肉眼看不到的大世界的體驗與許多的疾病，以及癌症告知的體驗，使我的思考和生活方式完全不同了。

「生命」就是驅使「高次的知性」而遂行自己的使命、目的，肉眼看不到卻確實存在的「肉體的知性」，則保護高次知性的功能不致受損。爲了避免肉體枯竭應該要進食。違背命運自然的法則，就算一生拼命地努力，也是無濟於事。但是經過宣告癌症的慘痛經驗以後，我能夠回到自己真正的崗位上，也讓我體會到「了解一切」的重要性。

到醫院以後，醫生看著再檢查的結果報告，不敢相信在短期內就發生了變化。進行老爺爺所傳授的自然治癒促進法，逐漸恢復了健康，同時也對於難病病人進行治療。

開始治療的關鍵，就是我因爲藥物的副作用而痛苦，想到可能會死亡時，對我的孩子說：「如果早上起來時媽媽沒有回答，趕快連絡這地方。」連細節都告訴了他：「如果我活著，我一定會努力地保持元氣。」我對自己這麼說，爲了使意識和身體合爲一體活動，進行自然治癒促進。到了一九七二年六月，女兒的脖子長了腫疱，到二家醫院檢查，結果是肉瘤。若是惡性就很危險，要在早期動手術。窮途末路時，我想到老爺爺所傳授的治療方法，遵循獨特的映像指導而調整女兒的氣。

二天後，女兒雖然没有感冒卻不斷地流鼻涕。擤鼻涕時，卻覺得女兒的鼻涕好像擤不完似地，這種狀態持續了一週，結果脖子的腫泡就消失得無影無蹤了。

以女兒的事件爲關鍵，親戚朋友看到我們不使用藥物而恢復健康的情形，親朋好友只要有疾病或家庭失和、心中有煩惱的人，就會來和我們商量。商量和治療都展現了好結果，但是我不知道這麼做到底好不好。即使高次元世界的仙人們在我們身上製造了奇蹟，不斷地指導、擁護我們，但是我們還是必須要做些事情。

我一直希望能見到他們，實際聆聽他們的指導。在接受夢中的指示不久後，見到了進行心靈研究的中岡俊哉先生。我到先生的事務所拜訪。

當時因爲藥物的後遺症，看報紙的大標題都很困難。老實說，連先生所寫的書我都不能看，看起來有如白紙的狀態一般。

首先，我知道先生對於不論在靈界或現界都互通的「重視心靈」，認爲是一切的基礎而進行心靈研究，而且先生使用力量就能聽到遠處的聲響。當場得到他的指導以後，我就趕緊學習。

每當先生指導時，我都會設定目標，身心發揮强力的作用，不斷地努力。在人類的一生中，會遇到許多身心不可解的事情，對靈的認識不足，或情報過多而執著於對靈的錯誤觀念，因而感到痛苦的人並不少。雖然只著眼於靈的想法橫行，但是以惡因緣爲起因的問題，首先必須確認遭遇這問題的人是否有問題點，才能夠指導修正的方向。

我本身透過許多疾病，而經歷到對人或經濟方面的痛苦經驗。痛苦不能歸咎於靈而迴避，將目的集中在改善問題的方向，擁有高次的智慧。這時，雖然是痛苦，但是卻充滿慈愛的方法，藉著肉眼看不到的心靈世界擁護，而能夠得到幫助與引導。

這世上所發生的事，絶對不是偶然，而是有必然性的，不要暫時認爲是「靈作祟」，不要受到任何狀況所左右。藉著强大的精神力和積極的人生，而引出能夠開拓運勢的協談者的能力，或確實掌握協談者所發出的氣，轉換爲生物體能量，使得惡化狀態儘早得到解決。

想要學習確立自我、巧妙管理術的人，會配合必要舉辦能力開發講座，治療效果顯著。同時附上整氣療法恢復報告和照片，請參考。

如果没有時間得到這機會，我也無法告訴大家我的遭遇。藥物的後遺症和靈體驗，有一些很難表現的範圍，對於女兒的問題，也無法詳細叙述。

先前叙述過關於白蛇寺廟的話題，當時這寺廟似乎是祭祀大日如來。在大阪初次見到先生時，曾經談到關於大覺寺味岡良戒和尚的話題，並没有特別歸依宗教，但是大日如來卻不斷地在引導我。

後來在嵯峨設立身心健康場，女兒卻夢到早上看到一條大白蛇，從道場的玄關朝著地藏菩薩的神像爬過去。聽到她的說法時，我想到母親夢中的白蛇以及和仙人的約定。

「夢中的水珠雖是夢，也是至寶」、「擁有生存希望的就是夢」，在六歲時，我雖然不了解水珠萬花筒的變化，但是後來像聽說罹患子宮癌時想到這些事情，除了恢復健康以外，也能夠進行健康協談、教育協談、人生協談，我認爲這都是冥冥中神的安排。我曾經遇到一位罹患身心症，甚至眼睛都看不到、不知置身於何處的孩子，能夠引出孩子純樸的心，不只得到健康，也能發揮判斷力、自立心和優點，如此便能促進父母親的成長，使枯萎的孩子的心靈恢復健康。因爲這番因緣，在嵯峨小倉山山麓設置道場，而先生題名爲「生望道場」，與我目標的工作非常吻合。

生望道場的目的就是希望大家能建立生命的希望。我經常想到我會罹患疾病，可能是這一連串過程中的必經之路，回顧以往，覺得這些好像是早就設計好的路程。

❊　❊　❊

透過神奇體驗而擁有力量的安達女士，現在仍然非常活躍，幫助許多人解決問題。

小角的教誨現在仍然存在著
（吉野山、櫻本坊的行者像）

第五章　將災難改變為幸運的做法

——利用護符、九字咒法去除障礙

自古流傳下來的秘法

有很多煩惱的問題寄到我這兒來。

「（前略），中岡先生，有事想和您商量而提筆寫信給您。和您商量這件事，真是難以啓齒，那就是我的丈夫性無能。結婚以來，一直如此，據説以前就有這種情形。似乎不只是我丈夫，連我兄弟也有相同的煩惱，難道是甚麼靈障在作祟嗎？如果你願意回答這問題，真是非常感謝……。」

像這些擁有煩惱的人經常寄信到我這兒來，有一些是被詛咒，有一些是被作祟的情形。

人類有怨恨、嫉妒，這也是人類的本能。尤其是異性之間的詛咒、作祟更爲厲害，有時很難去除。

這些詛咒、作祟，會使夫妻相處失和，家庭破碎，但是這些都有明顯的原因。

到前章爲止，爲各位敘述神通力，就是爲了開發自己的能力。現在我們改變觀點來看看，如果受到災難時，該怎麼做才好。當然，密教與修驗道也會進行解除受難之法，而自小角以來到現在爲止，慢慢相傳各種方法，在此爲各位敘述護符和咒法。

到青木原蒐集資料時的不舒服體驗

採訪記者原口定夫（三十九歲）受雜誌之託去蒐集資料時，他不太舒服。因爲這一次蒐集資料是以有自殺名所之稱的富士山麓的青木原爲對象。

原口先生拒絕這工作，但是卻出現一些無法拒絕的情形，只好勉勉强强地接受了。工作是和攝影師一起進入青木原樹海，詳細蒐集樹海內奇怪樣子的資料，而攝影師和原口先生一樣，對於這份工作一直不感興趣。

一踏入樹海中，就瀰漫著一股不舒服的氣氛，感到有撲鼻的惡臭。

擔任嚮導的當地人很快發現一堆白骨，攝影師向白骨合十之後按下快門。

到處走著，看到三堆白骨體，大都是新的，而女性的白骨有三體。

二個人一邊唸佛，一邊在樹海內徘徊，因爲異樣的氣氛而覺得很不舒服。再加上嚮導的忠告而趕緊回去，覺得背脊發涼，頭皮發麻。

第二天出現在雜誌社的原口，聽說和他一起到青木原去的攝影師，因爲交通意外事故而死亡，令他毛骨悚然。

數日後，原口先生覺得身體不適，手腳麻痺，耳邊聽到別人痛苦的呻吟聲。還有小樹枝折斷的聲音，連睡覺或清醒時都聽得很清楚。

原口夫妻到我這兒來，因爲他們很擔心到底是否受了靈障的作祟。

調查以後發現，原口身上的確有强大的靈氣附著。而且這靈氣是屬於强力的地縛靈與不淨靈。

尤其是自殺者的靈氣一直緊緊地抓著原口先生，再如此下去，原口先生可能會遭遇强烈的靈害。

於是我交給他一六九頁①的護符，藉著這護符消除靈障，也就是這護符要祭祀在佛壇或房間的高處，而且一定要吸收水。祭祀二十一天，第二十二天時把護符放在盤子上燃燒。燃燒成灰燼以後，灰和鹽一起用水（自來水也可以）沖掉，同時祭祀護符時要唸不動明王咒語。

原口按照我的指示，祭祀護符並唸咒語。

經過五天、十天，原口的樣子逐漸好轉，結果他的妻子每天晚上都會夢到女性白骨來攻擊她。攻擊她的白骨體以驚人的力量勒緊她的脖子。

於是我讓他的妻子隨身佩戴護符，利用切九字的方法祓靈氣，去除靈障。

結果大約花了一個月的時間，原口夫妻的靈障消失了。

原口夫妻親手去除靈障，就是因爲護符的力量。同時他們認真地祭祀護符、唸咒語、切九字。

即使建議對方祭祀護符或唸咒語，但是有的人一旦靈障減輕時，就會停止這些做法，這時就無法得到明確的結果。

具有色情因果靈障的妻子

「一個月都不見了……」

田川未早子進入房間以後，拼命地責怪男子。未早子是某家商事公司部長的妻子，而男子野宮泰夫是另一家公司的營業員，有妻室。

二人的關係持續二年以上。二人一個月會享受一、二次的幽會之樂。

這一天晚上，未早子卻發出痛苦的哀嚎聲而跳了起來。她說有女人在攻擊她。未早子嚇得臉色蒼白、發抖。男子卻說房間裏只有他們二人，而且門都上鎖了。

男子用力抱住發抖的未早子，但是她卻再度發出哀嚎聲，跳了起來，總有冰冷的東西掐住她的脖子。

這一天晚上，二人趕緊離開了飯店。

第二天，未早子回家以後被丈夫責備，丈夫責備她在外風流。

她卻説自己去照顧朋友，叫丈夫不必疑心自己會在外風流，但是丈夫卻不能夠接納她的説法。

過了將近一個月，有一天晚上未早子發出哀嚎：「呀！」

她跳了起來。睡在身旁的丈夫因其哀嚎聲而被嚇醒。未早子説看到一個頭髮蓬鬆，滿臉是血的裸體女子在攻擊她。

做了這夢而發出哀嚎聲以後，未早子每天晚上都會夢見裸體女子在攻擊她。

原因不明，但是未早子全身卻異常浮腫，無法站起來。

丈夫只好帶未早子到醫院去，醫生檢查未早子，卻無法找出病因。

「是不是惡靈作祟呢？」

醫生開玩笑地説著，丈夫在聽到醫生這麽説時感到很擔心。於是把未早子帶到靈能者那兒去。

靈能者一看未早子時，就説是地縛靈的靈障，同時靈能者指出依附在未早子身上的靈，是在哪裡的飯店被殺的地縛靈。

靈能者雖然淨化地縛靈，可是未早子的情形並沒有好轉。

於是未早子到我這兒來商量，我調查未早子的靈質和靈氣。

我發現靈能者的判斷是正確的，但是並沒有完全除靈，所以靈障並未消失。

直接原因，就在於飯店中作祟的地縛靈。

我調查以後，發現未早子不只是受到地縛靈的靈障，而其本身也有色情因果的靈障。事實上，未早子娘家有强烈的色情因果靈，而未早子的風流也可能是色情因果靈所造成的。

於是我製造一七〇頁②的護符，藉著護符的力量，去除依附在飯店的地縛靈與色情因果靈障。

在明信片一般大的紙上用紅筆畫下護符，只要告知年齡數，祭祀二十一天，一天三次，切九字就可以了。

效果迅速出現，未早子不再做夢，也不再風流。長年希望擁有孩子，也如願以償了。想要解除靈障，才能使未早子得到這麼好的結果。

照片上的舊靈體

瀨户純男一家四口外出旅行。

旅行回來不滿一個月，原先很有元氣的長女卻開始不適，全身倦怠，無法起身，而且從脖子到頭產生激痛，全身無法動彈。

不只如此，就讀中學的長男，也產生激烈的頭痛。

瀨户先生的妻子帶二人去看醫生，醫生卻說二人没甚麼不好而開出了鎮痛劑。但是即使服用藥物，二人的情形並没有好轉，反而不斷惡化，因爲發燒，每天晚上長女都會說夢話，長男也不斷地發出哀嚎。

感到擔心的妻子認爲可能是靈障作祟，於是來找我商量。同時帶了一張旅行時所拍攝的相片讓我鑑定。

的確在那兒拍攝到靈體，即所謂的心靈照片。但是不可思議的是，在照片中拍出一張半物體化的手罩住瀨户太太的腹部。

我認爲用自己的方法供養這些照片，就能夠去除發生在這些孩子身上的靈障。

於是我建議瀨户女士按照我所教導的方法來供養照片。

但是孩子的體調一直不好，而瀨户女士本身在檢查時，醫生對她說疑似子宮癌。

瀨户女士再次到我這兒來，我詳細地調查照片，而了解了以下的事實。

照片所看到的自殺者靈體是老舊的靈體，這靈氣使長女產生了靈障；而發生於長男的靈障，也是屬於相當老舊的靈體，是溺水死亡的男性。

使妻子產生靈障的靈體，是十五、六年前的具有强烈的靈氣，腐蝕妻子的身體。

我各自畫了一七一頁③的護符給他們，想藉此去除靈障。在祭祀護符的同時，也要唸不動明王的咒語、結印。

爲了更有效地解除靈障，教導他們切九字。

數週內，長男長女都恢復了元氣。

妻子朝著護符持續切九字，到醫院檢查時，發現子宮癌消失了。

現在親子完全去除了靈障，很有元氣地過活。

憂鬱的性格得以矯正

住在橫濱的五十歲女性來和我商量一件事情。二十年來丈夫轉換工作十八次，無法安穩地賺錢，是不是有靈障作祟呢？

丈夫的性格非常憂鬱，非常彆扭，人際關係很差。

我從這位妻子那兒知道丈夫的人性、對事物的想法，進行調查時，發現這位丈夫的靈質非常差。

對於祖先的想法，幾乎等於零，幾乎不會供養祖先。調查以後，發現這位丈夫父方的祖先已經被釋放出來了，而這位丈夫六代前的人死法很不自然，幾乎没有被供養而放任不管，六代前的靈爲了祈求淨化供養，而使這位丈夫發生靈障。

於是我畫了一七二頁④的護符給他，要這位丈夫一天一次切九字。

她的妻子說，剛開始時，對丈夫而言切九字好像是很麻煩，但是護符的功德漸漸出現。以後輕易換工作的丈夫，可以在一個工作場所待二、三個月，而且以往很差的人際關係漸漸好轉，也能和妻子笑容滿面地談話了。

「長期以來煩惱的我該如何是好呢？」

在東京都内公司工作的三十九歲男性來找我商量。

「到目前爲止，我常會因爲工作或與自己無關的麻煩而平白蒙受損失。爲甚麼會這樣呢？是不是靈障在作祟？請告訴我。」

每個人在捲入麻煩中時，都會認爲與自己没有直接關係，但是從公平的第三者眼光看來，不可能完全無關。覺得無關，然而事實上一定有關，勢必有一些原因，絕對不會捲入無關的煩惱中。

如果你從各方面來考量而還是會捲入無關的煩惱中，則表示你所具有的靈運太弱。最重要的是，不要產生一種强烈的被害者意識，認爲自己會捲入無關的煩惱中而蒙受損失。這種想法會對周圍的人造成不良影響。

一般而言，這些人與其說是由於「自己」靈運的强弱，還不如說是由於指導靈的衰弱而造成的。

這些人應該要佩戴一七三頁⑤的護符，自己在和紙上畫護符，唸不動明王咒語。這麼一來，你的指導靈就會增强，擁有强運。

殺害男性的魔性

住在仙台市的四十三歲女性來找我商量。

她有以下的敘述：

「我已結了四次婚，不可思議的是，和我在一起的人在一、二年内不是病死，就是因遭遇意外事故而死亡。我不想讓現在的丈夫死去，有甚麼好的方法呢?你一定要告訴我。」

這個人就是具有「殺害男性魔性」的人，和這個人在一起的男性，都會突然斷送生命，可能會生病或遭遇意外事故，總之，會突然死亡。

如此一來，會使女性痛苦，而不幸的女性也會因此而增加，甚至有的女性會擔心這問題而不願意結婚。

總之，若親朋好友中出現這一類女性……，可能就不願意與她結婚了。

這位商量者的親朋好友並沒有這種情形存在，所以只是她的問題而已。

由於商談者的要求所以我調查各男性的靈障。發現男性中有的是因爲自己的强烈靈障而死，有的則完全無關，是因爲別的靈原因而死。

也就是即使不與她結婚，也會因爲別的原因而早死。調查最初的丈夫靈氣時，發現他本身就具有死期會提早來臨的靈障。

協談者的母方，尤其是六代前母方的人，曾經受到强烈的靈障作祟。

在協談者出生的場所有地縛靈障、水子靈，沒有得到任何的供養，放任不管。

協談者爲了要使她現在的丈夫長生而使用護符。我所使用的是一七四頁⑥的護符。儘可能用和紙來畫，只要畫協談者年齡的張數就可以了。

畫護符時一定要切九字，切九字畫護符。畫完以後，一個月內放在佛壇或高處祭祀，第三十天燃燒護符成灰燼，放到河流中沖走。

如果不便放入河流中，用自來水沖走也可以，但是不要忘記灰中要混入若干鹽。

當然，必須要畫相當多的張數，但是爲了解救丈夫的生命，而且也爲了消除協談者本身的靈障，一定要實行。

有人在耳邊耳語

「到底是甚麼原因呢？」

住在東京神田的友田邦夫好像活死人一般，看到他時，我就知道他受到嚴重的靈障作祟。

「老實說，……。」

友田掏出六、七張便條紙來。

「我有話想對你說，但是當我想說話的時候，耳邊一定會出現相反的話語，對方是誰我不知道。總之，它會在我耳邊耳語，說一些別的話，因此我寫下來。有時候我也會寫錯，由妻子幫我改正，像這用紅鉛筆寫的地方就是了。請你看一看，幫助我吧！」

我看他的便條紙，看的時候心情越來越沈重了。因爲友田先生的靈障超乎我的想像，非常厲害。

友田先生發生靈障是在八個月以前的事。當時他感冒，臥病在床三天，後來燒退了。但是友田先生卻好像發瘋似地，暴跳如雷地破壞紙門和傢俱，打破瓷器。

不只如此，甚至還毆打想要制止他的妻子和弟弟們，使他們受傷。甚至還要丟掉孩子們。

於是，友田的兄弟們綁住友田，但是這也沒有用。友田在那兒吠叫，大小便橫流。

於是妻子去拜訪在電視上經常演出的著名靈能者，請他除靈。

但是過了靈能者除靈期間的二十一天以後，友田先生的情形並沒有好轉。不僅如此，連友田先生的弟弟都遭遇意外事故而死亡。

友田先生與弟弟共同經營小公司，對友田而言，弟弟的死是一大打擊。

「啊？弟弟嗎？」

但是諷刺的是，卻出現了不幸中的大幸，即知道弟弟意外死亡的友田，因爲這意外的打擊而恢復正常。但是卻殘留激烈的頭痛，因此腳步蹣跚，無法過正常的生活與工作。

他經常在那兒自言自語，好像有人與他說話似的。

孩子們變得非常怕他，只是一直在那兒哭泣。尤其看到友田時，更是啜泣不已。

有一天晚上，友田鑽進妻子的棉被中想要抱她，但是妻子卻發出了哀嚎聲，因爲友田的臉好像死人一樣，臉上露出令人不舒服的笑容。

妻子發出哀嚎聲，想要逃走，但是友田卻抓住妻子的頭髮，用力拉倒她，勒住妻子的脖子，力量非常强。

「救命啊！」

妻子拼命地求救，用力地推友田。友田的頭部撞到傢俱而昏倒。

友田一家被整得亂七八糟。

靠自己的力量解決的方法

我看完以上的記錄以後，又詢問一些詳細的說明。

整理發生在友田身上的事，根據記錄，事前的原因是感冒、發燒，燒退以後，突然變得粗暴。

這種粗暴的現象，非比尋常，甚至會扔掉自己的孩子，實在非常嚴重。可以說是非人類的行動，連周圍的人都證明他所做的並非常人所做的事。

友田先生最可怕的樣子是有如動物一般吠叫，而且大小便横流。

考慮到靈障的問題，和靈能者商量。以一般的意義而言，應該可以做正確的處理，但是我認爲在考慮靈障之前，應該先考慮妻子和兄弟們的事情。

也就是說，原因雖然是靈障作祟，可是友田的心理也可能隱藏著一些原因。爲甚麼呢？因爲在記錄中最初寫著耳邊聽到一些耳語，而且會産生一些違反意識的現象。耳邊出現耳語的現象，可以深層心理去進行治療。舉例而言，若不按下開關，聽不到收音機的聲音，也看不到電視的畫面，起初自己就知道如何切換開關。

此外，周圍的人也强調這一點。

但是，怨靈的依附、怨靈的淨化、除靈等等治療友田先生的方法，全都依賴他力，本人和周圍的人都只是依賴其他的力量。

我認爲靈力應該是以活著的人所具有的意識力最强，利用這意識力，本身就能消除靈障。

因此，首先必須要考慮到靠自己的力量解決問題，否則一切都依賴他力，會變得靠自己的力量都無法充分解決問題了。

友田先生的現象一直持續著，就是因爲真正的地縛靈、怨靈等靈的作用所造成的，因此使用一七五頁⑦的護符就能夠解決問題。

因爲我認爲這護符或符咒能夠發揮極大的力量。

利用⑦的護符，在二十一天內用自己的手做成佛壇或祭祀在高處，當然需要供水。先前也說過，到了第二十二天時，要在乾淨的盤子上燒掉這護符，使之成灰燼。灰和鹽一起用水沖走，可以使用廚房的自來水，並不一定要在特定的場所進行。

採用這些方法，利用護符，就能解決你本身的問題。

只要靠自己的力量解決，就不必再受到靈障的困擾了。

二個月前被車子輾死的男性

「老公，這是……。」

西村順一的妻子看到剛洗好的相片發出了驚訝的叫聲。

住在大阪市的西村，參加公司的旅行到九州去，拍攝了著名石佛的照片。曾經得到攝影獎，具有高明攝影水準的西村，拍了二本照片。照片洗好以後，妻子看到時卻發出了驚訝的叫聲。

西村也看照片，不禁感到奇怪。

「老公，你看這個人像不像自殺的叔父呀？」

妻子說的是西村父親的弟弟，他因爲疾病痛苦而自殺。

「是嗎……？可是不太像耶。」

西村慌慌張張地調查所有的照片，結果没有發現任何相關的照片。

但是心裡覺得很不舒服，於是西村趕緊拜託熟識的寺廟住持供養這照片。

幾天以後。

「請給我水……。」

妻子聽到西村的聲音，驚訝地看著西村，他的臉色蒼白。這時他對妻子說：

「看到幽靈了……。」

「咦，幽靈？」

妻子懷疑自己聽錯了而再問一次。西村說：

「是，是的……。」

嘶啞著聲音回答著。西村臉色蒼白地坐在客廳的沙發上，訴說當時的情形。

這一天晚上，西村從公司回來時，騎著腳踏車到朋友家去。歸途中，西村通過高速公路高架橋下的隧道。

「啊，啊——，危險。」

西村在不甚寬敞的隧道內看到一個好像喝醉酒、在那兒搖搖晃晃的男子，而出聲對他這麼說。

男子似乎沒有聽到這聲音，還在那兒搖搖晃晃地走著。走路的方式就好像想要阻止西村通過隧道似的。

西村很生氣地在那兒叫著，而這男子卻充耳不聞似的。

西村不得已，跳下腳踏車想要通過男子的身邊。

這時，男子的全身朝著西村壓迫過來。

接下來的瞬間，男子完全消失了。

西村太過驚訝，把腳踏車丟在隧道內，拼命地跑回家。

「老公，難道那男子是在隧道內被汽車撞死的嗎？」

妻子臉色蒼白，想到二個月前在隧道內有一個喝醉酒而被汽車撞死的男子。

祖先供養的方法出了問題

一定是看到那男子的幽靈了……。

西村害怕得全身發抖。

這一天晚上，西村做了惡夢，陌生男子攻擊西村，清楚地對他說要依附在他的身上，讓他痛苦。

男子勒緊西村的脖子。

西村汗如雨下，在痛苦中清醒過來。

「啊！頭皮發麻。」

第二天西村的樣子非常奇怪，覺得頭好像被錐子刺到似地非常疼痛，而且全身都疼痛。

「難道……。」

這時公司打電話到西村家，西村拿起電話來，臉色蒼白。原來西村所負責的和某家公司的交易卻突然停止了。

開始攻擊西村的不幸不僅如此而已。妻子被宣告罹患子宮癌，必須住院，而就讀國中的女孩卻罹患了夢遊症。

突然間西村一家變得亂糟糟。西村本身身體不適，無法工作。如果勉强工作，一定會遭遇失敗。

西村先生暫時向公司請假，希望能夠恢復體調，但是完全沒有效果，不只無效反而不斷惡化。

以上就是西村到我這兒來對我訴說的事情。

我詳問西村夫妻一些事項。

整理西村受到襲擊的事件，我認爲問題就出在九州所拍攝的石佛。

這照片拍攝到一個好像西村叔父的人，也就是西村在無意識中拍攝到心靈照片。這心靈照片的靈體是浮遊靈，也就是說因爲不是叔父死去的場所，所以不是地縛靈。但是如果照片的靈體真的是叔父，那麼可能是靈波動一致而造成的浮遊靈。

西村先生供養這照片，但是問題在於如何供養。

繼照片之後，西村先生又看到成爲地縛靈的靈體，而且在夢中令他痛苦。

考慮到這些問題，我認爲西村受到靈障作祟，不只身體不好，靈運也減弱，在工作方面也連續遇到挫折。妻子和孩子的疾病應該都是靈障作祟。雖然不是直接靈障，卻可能是間接的靈障，除了靈障以外，不可能是其他原因。

但是我在看靈障時，也會以更深入的形態來探討這些原因。

靈障的原因之一，就在於西村供養祖先的方式。西村母方的問題，以及雖然並非直接關係，但是西村妻子親戚中的水子靈，尤其是嬰兒靈也釀成災禍。

嬰兒靈會比水子靈留下更可怕的靈障，而妻子和西村都不知道這一點。

我分析西村的靈障現象，能夠清楚地指出的，就是在各方面的靈障又引起別的靈障，也就是妻子親戚的嬰兒靈都會成爲靈障。

我給西村一七六頁⑧的護符，建議他用這護符解除靈障。當然製造護符本身非常困難，所以可以把本書的護符直接剪下來；或利用影印的方法祭祀這護符，剪下本書的護符來使用，比影印的效果更好。

祭祀護符時，一定要切九字或實行九字的咒法。一七七頁起後爲各位敘述九字的咒法，一定要好好地閱讀。

①　護符

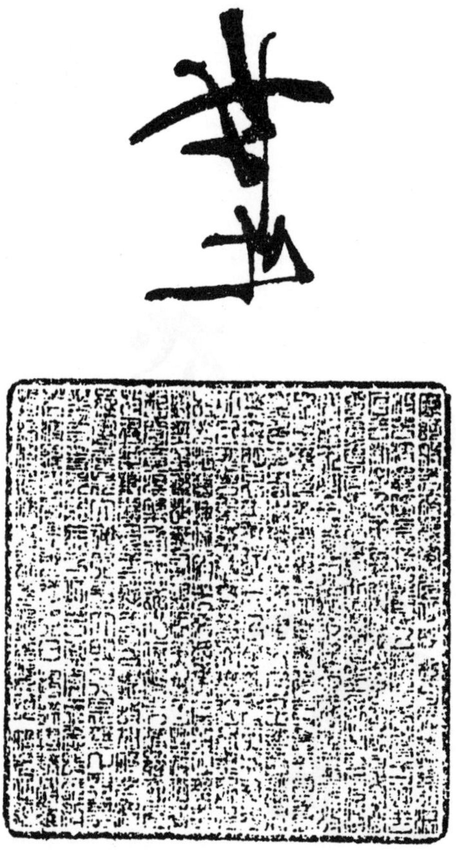

② 護符

③　護符

④ 護符

⑤　護符

⑥ 護符

⑦　護符

⑧ 護符

九字咒法

①清身
從頭到腳尖充分洗淨，也可以用普通的泡澡來進行。
②冷水從頭澆淋
使用井水較好，但是冷水淋浴也無妨。

③穿白衣

用冷水澆淋以後趕緊擦乾身體，穿著乾淨的服裝。但是僅限於白色的服裝。

④清淨體內空氣

朝北筆直站立，將氣息吐盡。
將體內污濁的氣息完全吐盡，然後瞬間止息，面向東方。再慢慢地吸入清淨的空氣。

⑤咬響牙齒36次

卡嗤卡嗤地咬響36次。
咬完以後面朝東，腳稍微張開，比肩寬稍大一點即可。

⑥組九字印

按照「臨、兵、鬥、者、皆、陣、裂、在、前」的順序組九字印。

⑦解印

依序組九字印，最後到了「前」以後，唸「惡魔降伏、怨敵退散、七難速滅、七復生秘」解印。

⑧結刀印，切九字

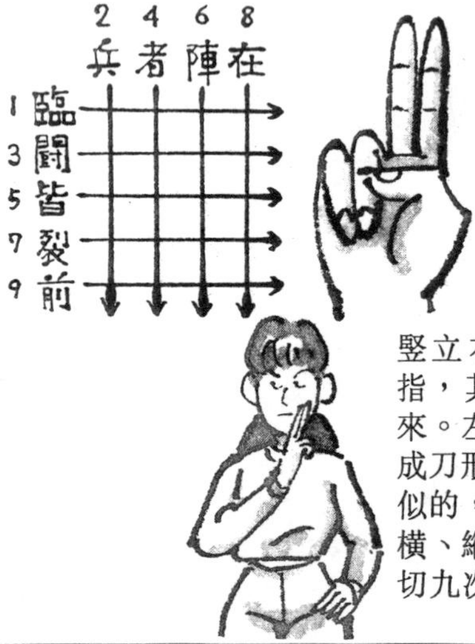

竪立右手的食指與中指，其他指頭連結起來。左手插腰，右手做成刀形，左手好像刀鞘似的，按照圖的順序以橫、縱、橫……的方式切九次。

⑨收刀印

切完九字以後，好像右手的刀插入左手的刀鞘似的收刀印。

九字印

臨

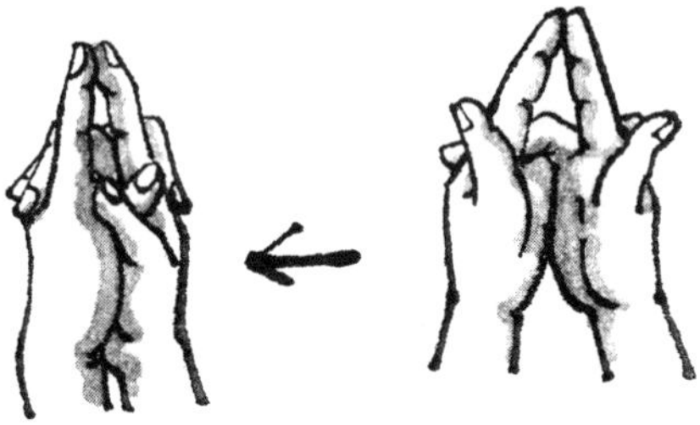

雙手食指直立貼合，其他指交疊。

兵

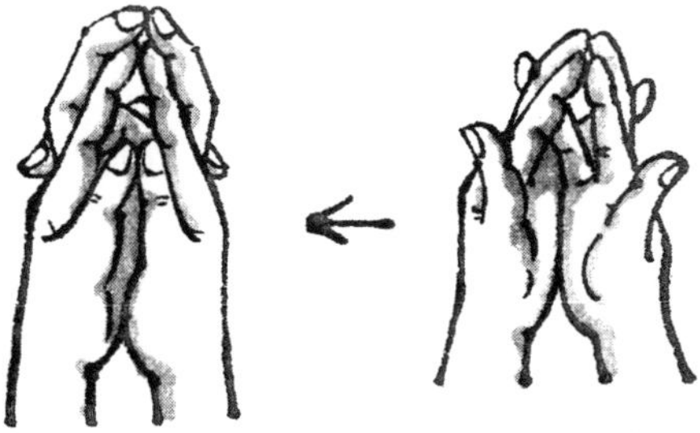

雙手食指直立，中指糾纏在一起。小指、無名指結合，拇指豎立。

鬥

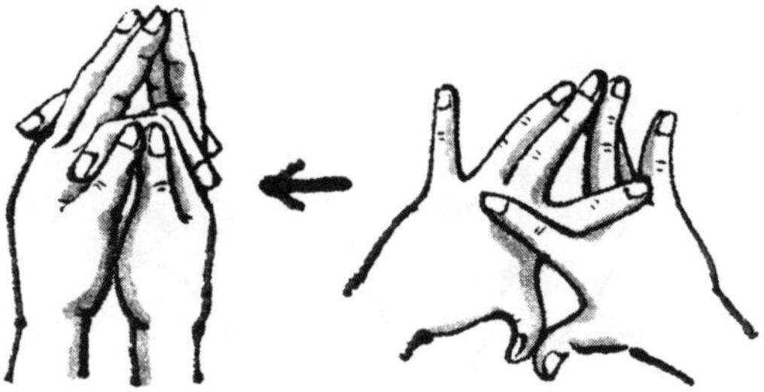

拇指、中指、無名指豎立貼合，剩下的食指、小指組合。

者

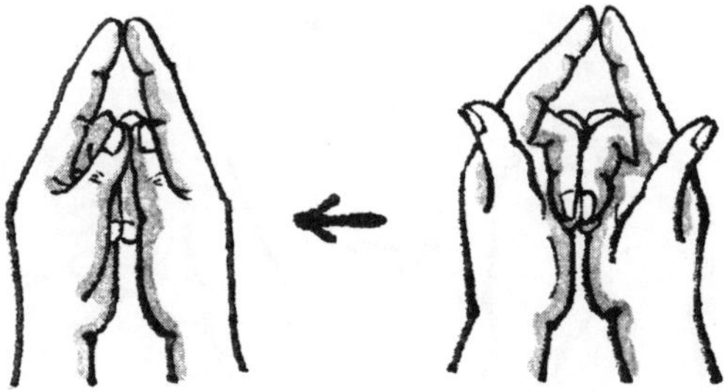

食指與拇指豎立，其他手指背側貼合。

皆

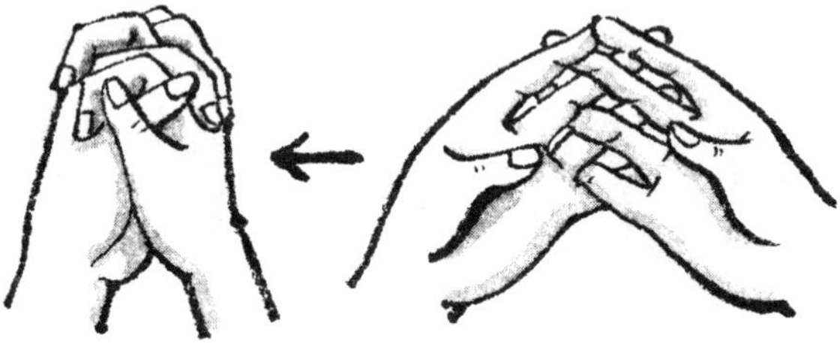

全部的手指交疊，右手拇指朝向外側。

陣

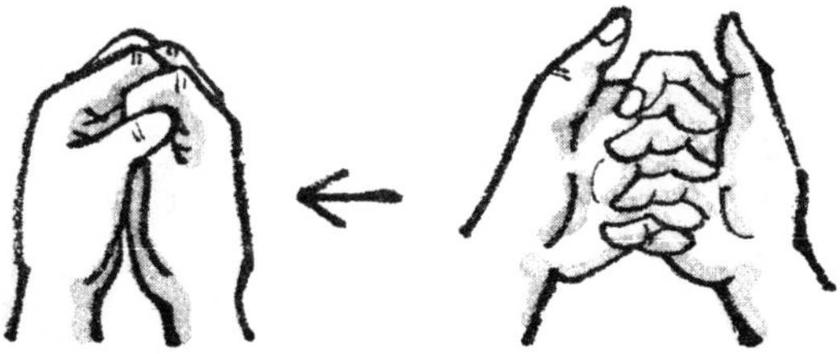

全部的手指在內側交疊，左手拇指朝向外側。

裂

左手食指豎立，用右手握住。雙手拇指都放入內側。

在

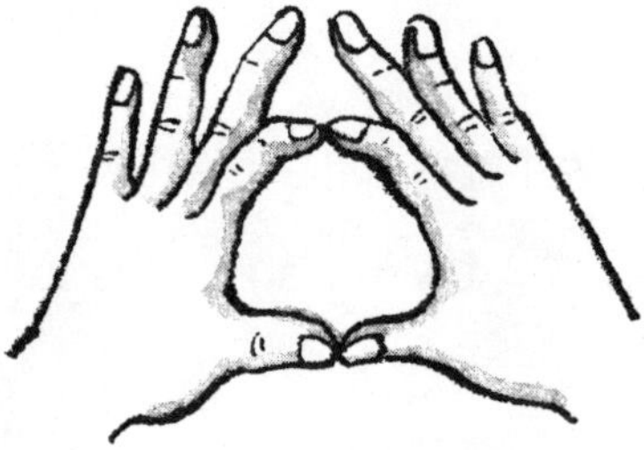

攤開雙手，用拇指與食指作成圓。

前

左手輕握，用右手抱住。

本書所載靈能者的聯絡電話：

◎北條靈峰

03－3416－2446

◎宮坂吉見

03－3632－8260

◎明王院寂照

0492－46－1408

◎長濱裕教

09684－3－5632

◎多田吉爾塞

06－672－6397

◎安達廣呂子

075－882－3525

◎中岡俊哉 AAPR

（亞洲意識力學研究協會會長）

06－934－4858

大展出版社有限公司	圖書目錄
地址：台北市北投區11204 致遠一路二段12巷1號 郵撥： 0166955～1	電話：(02) 8236031 8236033 傳眞：(02) 8272069

•法律專欄連載• 電腦編號 58

台大法學院 法律學系／策劃
法律服務社／編著

①別讓您的權利睡著了[1]	200元
②別讓您的權利睡著了[2]	200元

•秘傳占卜系列• 電腦編號 14

①手相術	淺野八郎著	150元
②人相術	淺野八郎著	150元
③西洋占星術	淺野八郎著	150元
④中國神奇占卜	淺野八郎著	150元
⑤夢判斷	淺野八郎著	150元
⑥前世、來世占卜	淺野八郎著	150元
⑦法國式血型學	淺野八郎著	150元
⑧靈感、符咒學	淺野八郎著	150元
⑨紙牌占卜學	淺野八郎著	150元
⑩ＥＳＰ超能力占卜	淺野八郎著	150元
⑪猶太數的秘術	淺野八郎著	150元
⑫新心理測驗	淺野八郎著	160元

•趣味心理講座• 電腦編號 15

①性格測驗 1	探索男與女	淺野八郎著	140元
②性格測驗 2	透視人心奧秘	淺野八郎著	140元
③性格測驗 3	發現陌生的自己	淺野八郎著	140元
④性格測驗 4	發現你的真面目	淺野八郎著	140元
⑤性格測驗 5	讓你們吃驚	淺野八郎著	140元
⑥性格測驗 6	洞穿心理盲點	淺野八郎著	140元
⑦性格測驗 7	探索對方心理	淺野八郎著	140元
⑧性格測驗 8	由吃認識自己	淺野八郎著	140元
⑨性格測驗 9	戀愛知多少	淺野八郎著	140元

⑩性格測驗10	由裝扮瞭解人心	淺野八郎著	140元
⑪性格測驗11	敲開內心玄機	淺野八郎著	140元
⑫性格測驗12	透視你的未來	淺野八郎著	140元
⑬血型與你的一生		淺野八郎著	160元
⑭趣味推理遊戲		淺野八郎著	160元
⑮行爲語言解析		淺野八郎著	160元

・婦 幼 天 地・電腦編號 16

①八萬人減肥成果	黃靜香譯	180元
②三分鐘減肥體操	楊鴻儒譯	150元
③窈窕淑女美髮秘訣	柯素娥譯	130元
④使妳更迷人	成　玉譯	130元
⑤女性的更年期	官舒妍編譯	160元
⑥胎內育兒法	李玉瓊編譯	150元
⑦早產兒袋鼠式護理	唐岱蘭譯	200元
⑧初次懷孕與生產	婦幼天地編譯組	180元
⑨初次育兒12個月	婦幼天地編譯組	180元
⑩斷乳食與幼兒食	婦幼天地編譯組	180元
⑪培養幼兒能力與性向	婦幼天地編譯組	180元
⑫培養幼兒創造力的玩具與遊戲	婦幼天地編譯組	180元
⑬幼兒的症狀與疾病	婦幼天地編譯組	180元
⑭腿部苗條健美法	婦幼天地編譯組	150元
⑮女性腰痛別忽視	婦幼天地編譯組	150元
⑯舒展身心體操術	李玉瓊編譯	130元
⑰三分鐘臉部體操	趙薇妮著	160元
⑱生動的笑容表情術	趙薇妮著	160元
⑲心曠神怡減肥法	川津祐介著	130元
⑳內衣使妳更美麗	陳玄茹譯	130元
㉑瑜伽美姿美容	黃靜香編著	150元
㉒高雅女性裝扮學	陳珮玲譯	180元
㉓蠶糞肌膚美顏法	坂梨秀子著	160元
㉔認識妳的身體	李玉瓊譯	160元
㉕產後恢復苗條體態	居理安・芙萊喬著	200元
㉖正確護髮美容法	山崎伊久江著	180元
㉗安琪拉美姿養生學	安琪拉蘭斯博瑞著	180元
㉘女體性醫學剖析	增田豐著	220元
㉙懷孕與生產剖析	岡部綾子著	180元
㉚斷奶後的健康育兒	東城百合子著	220元
㉛引出孩子幹勁的責罵藝術	多湖輝著	170元
㉜培養孩子獨立的藝術	多湖輝著	170元

㉝子宮肌瘤與卵巢囊腫	陳秀琳編著	180元
㉞下半身減肥法	納他夏・史達賓著	180元
㉟女性自然美容法	吳雅菁編著	180元

・青春天地・電腦編號17

①A血型與星座	柯素娥編譯	120元
②B血型與星座	柯素娥編譯	120元
③O血型與星座	柯素娥編譯	120元
④AB血型與星座	柯素娥編譯	120元
⑤青春期性教室	呂貴嵐編譯	130元
⑥事半功倍讀書法	王毅希編譯	150元
⑦難解數學破題	宋釗宜編譯	130元
⑧速算解題技巧	宋釗宜編譯	130元
⑨小論文寫作秘訣	林顯茂編譯	120元
⑪中學生野外遊戲	熊谷康編著	120元
⑫恐怖極短篇	柯素娥編譯	130元
⑬恐怖夜話	小毛驢編譯	130元
⑭恐怖幽默短篇	小毛驢編譯	120元
⑮黑色幽默短篇	小毛驢編譯	120元
⑯靈異怪談	小毛驢編譯	130元
⑰錯覺遊戲	小毛驢編譯	130元
⑱整人遊戲	小毛驢編著	150元
⑲有趣的超常識	柯素娥編譯	130元
⑳哦！原來如此	林慶旺編譯	130元
㉑趣味競賽100種	劉名揚編譯	120元
㉒數學謎題入門	宋釗宜編譯	150元
㉓數學謎題解析	宋釗宜編譯	150元
㉔透視男女心理	林慶旺編譯	120元
㉕少女情懷的自白	李桂蘭編譯	120元
㉖由兄弟姊妹看命運	李玉瓊編譯	130元
㉗趣味的科學魔術	林慶旺編譯	150元
㉘趣味的心理實驗室	李燕玲編譯	150元
㉙愛與性心理測驗	小毛驢編譯	130元
㉚刑案推理解謎	小毛驢編譯	130元
㉛偵探常識推理	小毛驢編譯	130元
㉜偵探常識解謎	小毛驢編譯	130元
㉝偵探推理遊戲	小毛驢編譯	130元
㉞趣味的超魔術	廖玉山編著	150元
㉟趣味的珍奇發明	柯素娥編著	150元
㊱登山用具與技巧	陳瑞菊編著	150元

・健康天地・電腦編號18

①壓力的預防與治療	柯素娥編譯	130元
②超科學氣的魔力	柯素娥編譯	130元
③尿療法治病的神奇	中尾良一著	130元
④鐵證如山的尿療法奇蹟	廖玉山譯	120元
⑤一日斷食健康法	葉慈容編譯	150元
⑥胃部強健法	陳炳崑譯	120元
⑦癌症早期檢查法	廖松濤譯	160元
⑧老人痴呆症防止法	柯素娥編譯	130元
⑨松葉汁健康飲料	陳麗芬編譯	130元
⑩揉肚臍健康法	永井秋夫著	150元
⑪過勞死、猝死的預防	卓秀貞編譯	130元
⑫高血壓治療與飲食	藤山順豐著	150元
⑬老人看護指南	柯素娥編譯	150元
⑭美容外科淺談	楊啟宏著	150元
⑮美容外科新境界	楊啟宏著	150元
⑯鹽是天然的醫生	西英司郎著	140元
⑰年輕十歲不是夢	梁瑞麟譯	200元
⑱茶料理治百病	桑野和民著	180元
⑲綠茶治病寶典	桑野和民著	150元
⑳杜仲茶養顏減肥法	西田博著	150元
㉑蜂膠驚人療效	瀨長良三郎著	150元
㉒蜂膠治百病	瀨長良三郎著	180元
㉓醫藥與生活	鄭炳全著	180元
㉔鈣長生寶典	落合敏著	180元
㉕大蒜長生寶典	木下繁太郎著	160元
㉖居家自我健康檢查	石川恭三著	160元
㉗永恒的健康人生	李秀鈴譯	200元
㉘大豆卵磷脂長生寶典	劉雪卿譯	150元
㉙芳香療法	梁艾琳譯	160元
㉚醋長生寶典	柯素娥譯	180元
㉛從星座透視健康	席拉・吉蒂斯著	180元
㉜愉悅自在保健學	野本二士夫著	160元
㉝裸睡健康法	丸山淳士等著	160元
㉞糖尿病預防與治療	藤田順豐著	180元
㉟維他命長生寶典	菅原明子著	180元
㊱維他命C新效果	鐘文訓編	150元
㊲手、腳病理按摩	堤芳郎著	160元
㊳AIDS瞭解與預防	彼得塔歇爾著	180元

㊴甲殼質殼聚糖健康法	沈永嘉譯	160元
㊵神經痛預防與治療	木下眞男著	160元
㊶室內身體鍛鍊法	陳炳崑編著	160元
㊷吃出健康藥膳	劉大器編著	180元
㊸自我指壓術	蘇燕謀編著	160元
㊹紅蘿蔔汁斷食療法	李玉瓊編著	150元
㊺洗心術健康秘法	竺翠萍編譯	170元
㊻枇杷葉健康療法	柯素娥編譯	180元
㊼抗衰血癒	楊啟宏著	180元
㊽與癌搏鬥記	逸見政孝著	180元
㊾冬蟲夏草長生寶典	高橋義博著	170元
㊿痔瘡・大腸疾病先端療法	宮島伸宜著	180元
51膠布治癒頑固慢性病	加瀨建造著	180元
52芝麻神奇健康法	小林貞作著	170元
53香煙能防止癡呆？	高田明和著	180元
54穀菜食治癌療法	佐藤成志著	180元

•實用女性學講座•電腦編號 19

①解讀女性內心世界	島田一男著	150元
②塑造成熟的女性	島田一男著	150元
③女性整體裝扮學	黃靜香編著	180元
④女性應對禮儀	黃靜香編著	180元

•校園系列•電腦編號 20

①讀書集中術	多湖輝著	150元
②應考的訣竅	多湖輝著	150元
③輕鬆讀書贏得聯考	多湖輝著	150元
④讀書記憶秘訣	多湖輝著	150元
⑤視力恢復！超速讀術	江錦雲譯	180元
⑥讀書36計	黃柏松編著	180元
⑦驚人的速讀術	鐘文訓編著	170元

•實用心理學講座•電腦編號 21

①拆穿欺騙伎倆	多湖輝著	140元
②創造好構想	多湖輝著	140元
③面對面心理術	多湖輝著	160元
④偽裝心理術	多湖輝著	140元
⑤透視人性弱點	多湖輝著	140元

⑥自我表現術	多湖輝著	150元
⑦不可思議的人性心理	多湖輝著	150元
⑧催眠術入門	多湖輝著	150元
⑨責罵部屬的藝術	多湖輝著	150元
⑩精神力	多湖輝著	150元
⑪厚黑說服術	多湖輝著	150元
⑫集中力	多湖輝著	150元
⑬構想力	多湖輝著	150元
⑭深層心理術	多湖輝著	160元
⑮深層語言術	多湖輝著	160元
⑯深層說服術	多湖輝著	180元
⑰掌握潛在心理	多湖輝著	160元
⑱洞悉心理陷阱	多湖輝著	180元
⑲解讀金錢心理	多湖輝著	180元
⑳拆穿語言圈套	多湖輝著	180元
㉑語言的心理戰	多湖輝著	180元

・超現實心理講座・電腦編號 22

①超意識覺醒法	詹蔚芬編譯	130元
②護摩秘法與人生	劉名揚編譯	130元
③秘法！超級仙術入門	陸　明譯	150元
④給地球人的訊息	柯素娥編著	150元
⑤密教的神通力	劉名揚編著	130元
⑥神秘奇妙的世界	平川陽一著	180元
⑦地球文明的超革命	吳秋嬌譯	200元
⑧力量石的秘密	吳秋嬌譯	180元
⑨超能力的靈異世界	馬小莉譯	200元
⑩逃離地球毀滅的命運	吳秋嬌譯	200元
⑪宇宙與地球終結之謎	南山宏著	200元
⑫驚世奇功揭秘	傅起鳳著	200元
⑬啟發身心潛力心象訓練法	栗田昌裕著	180元
⑭仙道術遁甲法	高藤聰一郎著	220元
⑮神通力的秘密	中岡俊哉著	180元

・養 生 保 健・電腦編號 23

①醫療養生氣功	黃孝寬著	250元
②中國氣功圖譜	余功保著	230元
③少林醫療氣功精粹	井玉蘭著	250元
④龍形實用氣功	吳大才等著	220元

⑤魚戲增視強身氣功	宮　嬰著	220元
⑥嚴新氣功	前新培金著	250元
⑦道家玄牝氣功	張　章著	200元
⑧仙家秘傳袪病功	李遠國著	160元
⑨少林十大健身功	秦慶豐著	180元
⑩中國自控氣功	張明武著	250元
⑪醫療防癌氣功	黃孝寬著	250元
⑫醫療強身氣功	黃孝寬著	250元
⑬醫療點穴氣功	黃孝寬著	250元
⑭中國八卦如意功	趙維漢著	180元
⑮正宗馬禮堂養氣功	馬禮堂著	420元
⑯秘傳道家筋經內丹功	王慶餘著	280元
⑰三元開慧功	辛桂林著	250元
⑱防癌治癌新氣功	郭　林著	180元
⑲禪定與佛家氣功修煉	劉天君著	200元
⑳顛倒之術	梅自強著	元
㉑簡明氣功辭典	吳家駿編	元

・社會人智囊・電腦編號 24

①糾紛談判術	清水增三著	160元
②創造關鍵術	淺野八郎著	150元
③觀人術	淺野八郎著	180元
④應急詭辯術	廖英迪編著	160元
⑤天才家學習術	木原武一著	160元
⑥猫型狗式鑑人術	淺野八郎著	180元
⑦逆轉運掌握術	淺野八郎著	180元
⑧人際圓融術	澀谷昌三著	160元
⑨解讀人心術	淺野八郎著	180元
⑩與上司水乳交融術	秋元隆司著	180元
⑪男女心態定律	小田晉著	180元
⑫幽默說話術	林振輝編著	200元
⑬人能信賴幾分	淺野八郎著	180元
⑭我一定能成功	李玉瓊譯	元
⑮獻給青年的嘉言	陳蒼杰譯	元
⑯知人、知面、知其心	林振輝編著	元

・精 選 系 列・電腦編號 25

①毛澤東與鄧小平	渡邊利夫等著	280元
②中國大崩裂	江戶介雄著	180元

③台灣・亞洲奇蹟	上村幸治著	220元
④7-ELEVEN高盈收策略	國友隆一著	180元
⑤台灣獨立	森　詠著	200元
⑥迷失中國的末路	江戶雄介著	220元
⑦2000年5月全世界毀滅	紫藤甲子男著	180元

・運 動 遊 戲・電腦編號 26

①雙人運動	李玉瓊譯	160元
②愉快的跳繩運動	廖玉山譯	180元
③運動會項目精選	王佑京譯	150元
④肋木運動	廖玉山譯	150元
⑤測力運動	王佑宗譯	150元

・銀髮族智慧學・電腦編號 28

①銀髮六十樂逍遙	多湖輝著	170元
②人生六十反年輕	多湖輝著	170元
③六十歲的決斷	多湖輝著	170元

・心 靈 雅 集・電腦編號 00

①禪言佛語看人生	松濤弘道著	180元
②禪密教的奧秘	葉逯謙譯	120元
③觀音大法力	田口日勝著	120元
④觀音法力的大功德	田口日勝著	120元
⑤達摩禪106智慧	劉華亭編譯	150元
⑥有趣的佛教研究	葉逯謙編譯	120元
⑦夢的開運法	蕭京凌譯	130元
⑧禪學智慧	柯素娥編譯	130元
⑨女性佛教入門	許俐萍譯	110元
⑩佛像小百科	心靈雅集編譯組	130元
⑪佛教小百科趣談	心靈雅集編譯組	120元
⑫佛教小百科漫談	心靈雅集編譯組	150元
⑬佛教知識小百科	心靈雅集編譯組	150元
⑭佛學名言智慧	松濤弘道著	220元
⑮釋迦名言智慧	松濤弘道著	220元
⑯活人禪	平田精耕著	120元
⑰坐禪入門	柯素娥編譯	150元
⑱現代禪悟	柯素娥編譯	130元
⑲道元禪師語錄	心靈雅集編譯組	130元

⑳佛學經典指南	心靈雅集編譯組	130元
㉑何謂「生」 阿含經	心靈雅集編譯組	150元
㉒一切皆空 般若心經	心靈雅集編譯組	150元
㉓超越迷惘 法句經	心靈雅集編譯組	130元
㉔開拓宇宙觀 華嚴經	心靈雅集編譯組	130元
㉕真實之道 法華經	心靈雅集編譯組	130元
㉖自由自在 涅槃經	心靈雅集編譯組	130元
㉗沈默的教示 維摩經	心靈雅集編譯組	150元
㉘開通心眼 佛語佛戒	心靈雅集編譯組	130元
㉙揭秘寶庫 密教經典	心靈雅集編譯組	130元
㉚坐禪與養生	廖松濤譯	110元
㉛釋尊十戒	柯素娥編譯	120元
㉜佛法與神通	劉欣如編著	120元
㉝悟（正法眼藏的世界）	柯素娥編譯	120元
㉞只管打坐	劉欣如編著	120元
㉟喬答摩・佛陀傳	劉欣如編著	120元
㊱唐玄奘留學記	劉欣如編著	120元
㊲佛教的人生觀	劉欣如編譯	110元
㊳無門關（上卷）	心靈雅集編譯組	150元
㊴無門關（下卷）	心靈雅集編譯組	150元
㊵業的思想	劉欣如編著	130元
㊶佛法難學嗎	劉欣如著	140元
㊷佛法實用嗎	劉欣如著	140元
㊸佛法殊勝嗎	劉欣如著	140元
㊹因果報應法則	李常傳編	140元
㊺佛教醫學的奧秘	劉欣如編著	150元
㊻紅塵絕唱	海 若著	130元
㊼佛教生活風情	洪丕謨、姜玉珍著	220元
㊽行住坐臥有佛法	劉欣如著	160元
㊾起心動念是佛法	劉欣如著	160元
㊿四字禪語	曹洞宗青年會	200元
51妙法蓮華經	劉欣如編著	160元
52根本佛教與大乘佛教	葉作森編	180元

•經 營 管 理• 電腦編號 01

◎創新經營管理六十六大計（精）	蔡弘文編	780元
①如何獲取生意情報	蘇燕謀譯	110元
②經濟常識問答	蘇燕謀譯	130元
④台灣商戰風雲錄	陳中雄著	120元
⑤推銷大王秘錄	原一平著	180元

⑥新創意・賺大錢	王家成譯	90元
⑦工廠管理新手法	琪　輝著	120元
⑨經營參謀	柯順隆譯	120元
⑩美國實業24小時	柯順隆譯	80元
⑪撼動人心的推銷法	原一平著	150元
⑫高竿經營法	蔡弘文編	120元
⑬如何掌握顧客	柯順隆譯	150元
⑭一等一賺錢策略	蔡弘文編	120元
⑯成功經營妙方	鐘文訓著	120元
⑰一流的管理	蔡弘文編	150元
⑱外國人看中韓經濟	劉華亭譯	150元
⑳突破商場人際學	林振輝編著	90元
㉑無中生有術	琪輝編著	140元
㉒如何使女人打開錢包	林振輝編著	100元
㉓操縱上司術	邑井操著	90元
㉔小公司經營策略	王嘉誠著	160元
㉕成功的會議技巧	鐘文訓編譯	100元
㉖新時代老闆學	黃柏松編著	100元
㉗如何創造商場智囊團	林振輝編譯	150元
㉘十分鐘推銷術	林振輝編譯	180元
㉙五分鐘育才	黃柏松編譯	100元
㉚成功商場戰術	陸明編譯	100元
㉛商場談話技巧	劉華亭編譯	120元
㉜企業帝王學	鐘文訓譯	90元
㉝自我經濟學	廖松濤編譯	100元
㉞一流的經營	陶田生編著	120元
㉟女性職員管理術	王昭國編譯	120元
㊱ＩＢＭ的人事管理	鐘文訓編譯	150元
㊲現代電腦常識	王昭國編譯	150元
㊳電腦管理的危機	鐘文訓編譯	120元
㊴如何發揮廣告效果	王昭國編譯	150元
㊵最新管理技巧	王昭國編譯	150元
㊶一流推銷術	廖松濤編譯	150元
㊷包裝與促銷技巧	王昭國編譯	130元
㊸企業王國指揮塔	松下幸之助著	120元
㊹企業精銳兵團	松下幸之助著	120元
㊺企業人事管理	松下幸之助著	100元
㊻華僑經商致富術	廖松濤編譯	130元
㊼豐田式銷售技巧	廖松濤編譯	180元
㊽如何掌握銷售技巧	王昭國編著	130元
㊿洞燭機先的經營	鐘文訓編譯	150元

㊾新世紀的服務業	鐘文訓編譯	100元
㊾成功的領導者	廖松濤編譯	120元
㊾女推銷員成功術	李玉瓊編譯	130元
㊾ＩＢＭ人才培育術	鐘文訓編譯	100元
㊾企業人自我突破法	黃琪輝編著	150元
㊾財富開發術	蔡弘文編著	130元
㊾成功的店舖設計	鐘文訓編著	150元
⑥企管回春法	蔡弘文編著	130元
⑥小企業經營指南	鐘文訓編譯	100元
⑥商場致勝名言	鐘文訓編譯	150元
⑥迎接商業新時代	廖松濤編譯	100元
⑥新手股票投資入門	何朝乾　編	180元
⑥上揚股與下跌股	何朝乾編譯	180元
⑥股票速成學	何朝乾編譯	200元
⑥理財與股票投資策略	黃俊豪編著	180元
⑦黃金投資策略	黃俊豪編著	180元
⑦厚黑管理學	廖松濤編譯	180元
⑦股市致勝格言	呂梅莎編譯	180元
⑦透視西武集團	林谷燁編譯	150元
⑦巡迴行銷術	陳蒼杰譯	150元
⑦推銷的魔術	王嘉誠譯	120元
⑦60秒指導部屬	周蓮芬編譯	150元
⑦精銳女推銷員特訓	李玉瓊編譯	130元
⑧企劃、提案、報告圖表的技巧	鄭　汶　譯	180元
⑧海外不動產投資	許達守編譯	150元
⑧八百件的世界策略	李玉瓊譯	150元
⑧服務業品質管理	吳宜芬譯	180元
⑧零庫存銷售	黃東謙編譯	150元
⑧三分鐘推銷管理	劉名揚編譯	150元
⑧推銷大王奮鬥史	原一平著	150元
⑧豐田汽車的生產管理	林谷燁編譯	150元

•成功寶庫• 電腦編號02

①上班族交際術	江森滋著	100元
②拍馬屁訣竅	廖玉山編譯	110元
④聽話的藝術	歐陽輝編譯	110元
⑨求職轉業成功術	陳　義編著	110元
⑩上班族禮儀	廖玉山編著	120元
⑪接近心理學	李玉瓊編著	100元
⑫創造自信的新人生	廖松濤編著	120元

⑭上班族如何出人頭地	廖松濤編著	100元
⑮神奇瞬間瞑想法	廖松濤編譯	100元
⑯人生成功之鑰	楊意苓編著	150元
⑲給企業人的諍言	鐘文訓編著	120元
⑳企業家自律訓練法	陳　義編譯	100元
㉑上班族妖怪學	廖松濤編著	100元
㉒猶太人縱横世界的奇蹟	孟佑政編著	110元
㉓訪問推銷術	黃静香編著	130元
㉕你是上班族中強者	嚴思圖編著	100元
㉖向失敗挑戰	黃静香編著	100元
㉙機智應對術	李玉瓊編著	130元
㉚成功頓悟100則	蕭京凌編譯	130元
㉛掌握好運100則	蕭京凌編譯	110元
㉜知性幽默	李玉瓊編譯	130元
㉝熟記對方絕招	黃静香編譯	100元
㉞男性成功秘訣	陳蒼杰編譯	130元
㊱業務員成功秘方	李玉瓊編著	120元
㊲察言觀色的技巧	劉華亭編著	130元
㊳一流領導力	施義彥編譯	120元
㊴一流說服力	李玉瓊編著	130元
㊵30秒鐘推銷術	廖松濤編譯	150元
㊶猶太成功商法	周蓮芬編譯	120元
㊷尖端時代行銷策略	陳蒼杰編著	100元
㊸顧客管理學	廖松濤編著	100元
㊹如何使對方說Yes	程　羲編著	150元
㊺如何提高工作效率	劉華亭編著	150元
㊼上班族口才學	楊鴻儒譯	120元
㊽上班族新鮮人須知	程　羲編著	120元
㊾如何左右逢源	程　羲編著	130元
㊿語言的心理戰	多湖輝著	130元
51扣人心弦演說術	劉名揚編著	120元
53如何增進記憶力、集中力	廖松濤譯	130元
55性惡企業管理學	陳蒼杰譯	130元
56自我啟發200招	楊鴻儒編著	150元
57做個傑出女職員	劉名揚編著	130元
58靈活的集團營運術	楊鴻儒編著	120元
60個案研究活用法	楊鴻儒編著	130元
61企業教育訓練遊戲	楊鴻儒編著	120元
62管理者的智慧	程　義編譯	130元
63做個佼佼管理者	馬筱莉編譯	130元
64智慧型說話技巧	沈永嘉編譯	130元

⑯活用佛學於經營	松濤弘道著	150元
⑰活用禪學於企業	柯素娥編譯	130元
⑱詭辯的智慧	沈永嘉編譯	150元
⑲幽默詭辯術	廖玉山編譯	150元
⑳拿破崙智慧箴言	柯素娥編譯	130元
㉑自我培育・超越	蕭京凌編譯	150元
㉔時間即一切	沈永嘉編譯	130元
㉕自我脫胎換骨	柯素娥譯	150元
㉖贏在起跑點—人才培育鐵則	楊鴻儒編譯	150元
㉗做一枚活棋	李玉瓊編譯	130元
㉘面試成功戰略	柯素娥編譯	130元
㉙自我介紹與社交禮儀	柯素娥編譯	150元
㊀說NO的技巧	廖玉山編譯	130元
㊁瞬間攻破心防法	廖玉山編譯	120元
㊂改變一生的名言	李玉瓊編譯	130元
㊃性格性向創前程	楊鴻儒編譯	130元
㊄訪問行銷新竅門	廖玉山編譯	150元
㊅無所不達的推銷話術	李玉瓊編譯	150元

・處 世 智 慧・電腦編號 03

①如何改變你自己	陸明編譯	120元
④幽默說話術	林振輝編譯	120元
⑤讀書36計	黃柏松編譯	120元
⑥靈感成功術	譚繼山編譯	80元
⑧扭轉一生的五分鐘	黃柏松編譯	100元
⑨知人、知面、知其心	林振輝譯	110元
⑩現代人的詭計	林振輝譯	100元
⑫如何利用你的時間	蘇遠謀譯	80元
⑬口才必勝術	黃柏松編譯	120元
⑭女性的智慧	譚繼山編譯	90元
⑮如何突破孤獨	張文志編譯	80元
⑯人生的體驗	陸明編譯	80元
⑰微笑社交術	張芳明譯	90元
⑱幽默吹牛術	金子登著	90元
⑲攻心說服術	多湖輝著	100元
⑳當機立斷	陸明編譯	70元
㉑勝利者的戰略	宋恩臨編譯	80元
㉒如何交朋友	安紀芳編著	70元
㉓鬥智奇謀（諸葛孔明兵法）	陳炳崑著	70元
㉔慧心良言	亦　奇著	80元

㉕名家慧語	蔡逸鴻主編	90元
㉗稱霸者啟示金言	黃柏松編譯	90元
㉘如何發揮你的潛能	陸明編譯	90元
㉙女人身態語言學	李常傳譯	130元
㉚摸透女人心	張文志譯	90元
㉛現代戀愛秘訣	王家成譯	70元
㉜給女人的悄悄話	妮倩編譯	90元
㉞如何開拓快樂人生	陸明編譯	90元
㉟驚人時間活用法	鐘文訓譯	80元
㊱成功的捷徑	鐘文訓譯	70元
㊲幽默逗笑術	林振輝著	120元
㊳活用血型讀書法	陳炳崑譯	80元
㊴心　燈	葉于模著	100元
㊵當心受騙	林顯茂譯	90元
㊶心・體・命運	蘇燕謀譯	70元
㊷如何使頭腦更敏銳	陸明編譯	70元
㊸宮本武藏五輪書金言錄	宮本武藏著	100元
㊺勇者的智慧	黃柏松編譯	80元
㊼成熟的愛	林振輝譯	120元
㊽現代女性駕馭術	蔡德華著	90元
㊾禁忌遊戲	酒井潔著	90元
52摸透男人心	劉華亭編譯	80元
53如何達成願望	謝世輝著	90元
54創造奇蹟的「想念法」	謝世輝著	90元
55創造成功奇蹟	謝世輝著	90元
56男女幽默趣典	劉華亭譯	90元
57幻想與成功	廖松濤譯	80元
58反派角色的啟示	廖松濤編譯	70元
59現代女性須知	劉華亭編著	75元
61機智說話術	劉華亭編譯	100元
62如何突破內向	姜倩怡編譯	110元
64讀心術入門	王家成編譯	100元
65如何解除內心壓力	林美羽編著	110元
66取信於人的技巧	多湖輝著	110元
67如何培養堅強的自我	林美羽編著	90元
68自我能力的開拓	卓一凡編著	110元
70縱橫交涉術	嚴思圖編著	90元
71如何培養妳的魅力	劉文珊編著	90元
72魅力的力量	姜倩怡編著	90元
73金錢心理學	多湖輝著	100元
74語言的圈套	多湖輝著	110元

⑮個性膽怯者的成功術	廖松濤編譯	100元
⑯人性的光輝	文可式編著	90元
⑲培養靈敏頭腦秘訣	廖玉山編著	90元
⑳夜晚心理術	鄭秀美編譯	80元
㉑如何做個成熟的女性	李玉瓊編著	80元
㉒現代女性成功術	劉文珊編著	90元
㉓成功說話技巧	梁惠珠編譯	100元
㉔人生的真諦	鐘文訓編譯	100元
㉕妳是人見人愛的女孩	廖松濤編著	120元
㉗指尖・頭腦體操	蕭京凌編譯	90元
㉘電話應對禮儀	蕭京凌編著	120元
㉙自我表現的威力	廖松濤編譯	100元
㉚名人名語啟示錄	喬家楓編著	100元
㉛男與女的哲思	程鐘梅編譯	110元
㉜靈思慧語	牧　風著	110元
㉝心靈夜語	牧　風著	100元
㉞激盪腦力訓練	廖松濤編譯	100元
㉟三分鐘頭腦活性法	廖玉山編譯	110元
㊱星期一的智慧	廖玉山編譯	100元
㊲溝通說服術	賴文琇編譯	100元
㊳超速讀超記憶法	廖松濤編譯	140元

・健康與美容・電腦編號04

①B型肝炎預防與治療	曾慧琪譯	130元
③媚酒傳（中國王朝秘酒）	陸明主編	120元
④藥酒與健康果菜汁	成玉主編	150元
⑤中國回春健康術	蔡一藩著	100元
⑥奇蹟的斷食療法	蘇燕謀譯	110元
⑧健美食物法	陳炳崑譯	120元
⑨驚異的漢方療法	唐龍編著	90元
⑩不老強精食	唐龍編著	100元
⑫五分鐘跳繩健身法	蘇明達譯	100元
⑬睡眠健康法	王家成譯	80元
⑭你就是名醫	張芳明譯	90元
⑮如何保護你的眼睛	蘇燕謀譯	70元
⑲釋迦長壽健康法	譚繼山譯	90元
⑳腳部按摩健康法	譚繼山譯	120元
㉑自律健康法	蘇明達譯	90元
㉓身心保健座右銘	張仁福著	160元
㉔腦中風家庭看護與運動治療	林振輝譯	100元

㉕秘傳醫學人相術	成玉主編	120元
㉖導引術入門(1)治療慢性病	成玉主編	110元
㉗導引術入門(2)健康・美容	成玉主編	110元
㉘導引術入門(3)身心健康法	成玉主編	110元
㉙妙用靈藥・蘆薈	李常傳譯	150元
㉚萬病回春百科	吳通華著	150元
㉛初次懷孕的10個月	成玉編譯	130元
㉜中國秘傳氣功治百病	陳炳崑編譯	130元
㉟仙人長生不老學	陸明編譯	100元
㊱釋迦秘傳米粒刺激法	鐘文訓譯	120元
㊲痔・治療與預防	陸明編譯	130元
㊳自我防身絕技	陳炳崑編譯	120元
㊴運動不足時疲勞消除法	廖松濤譯	110元
㊵三溫暖健康法	鐘文訓編譯	90元
㊸維他命與健康	鐘文訓譯	150元
㊺森林浴—綠的健康法	劉華亭編譯	80元
㊼導引術入門(4)酒浴健康法	成玉主編	90元
㊽導引術入門(5)不老回春法	成玉主編	90元
㊾山白竹（劍竹）健康法	鐘文訓譯	90元
㊿解救你的心臟	鐘文訓編譯	100元
51牙齒保健法	廖玉山譯	90元
52超人氣功法	陸明編譯	110元
54借力的奇蹟(1)	力拔山著	100元
55借力的奇蹟(2)	力拔山著	100元
56五分鐘小睡健康法	呂添發撰	120元
57禿髮、白髮預防與治療	陳炳崑撰	120元
59艾草健康法	張汝明編譯	90元
60一分鐘健康診斷	蕭京凌編譯	90元
61念術入門	黃靜香編譯	90元
62念術健康法	黃靜香編譯	90元
63健身回春法	梁惠珠編譯	100元
64姿勢養生法	黃秀娟編譯	90元
65仙人瞑想法	鐘文訓譯	120元
66人蔘的神效	林慶旺譯	100元
67奇穴治百病	吳通華著	120元
68中國傳統健康法	靳海東著	100元
69下半身減肥法	納他夏・史達賓著	110元
70使妳的肌膚更亮麗	楊　皓編譯	100元
71酵素健康法	楊　皓編譯	120元
73腰痛預防與治療	五味雅吉著	100元
74如何預防心臟病・腦中風	譚定長等著	100元

⑦⑤少女的生理秘密	蕭京凌譯	120元
⑦⑥頭部按摩與針灸	楊鴻儒譯	100元
⑦⑦雙極療術入門	林聖道著	100元
⑦⑧氣功自療法	梁景蓮著	120元
⑦⑨大蒜健康法	李玉瓊編譯	100元
⑧①健胸美容秘訣	黃靜香譯	120元
⑧②鍺奇蹟療效	林宏儒譯	120元
⑧③三分鐘健身運動	廖玉山譯	120元
⑧④尿療法的奇蹟	廖玉山譯	120元
⑧⑤神奇的聚積療法	廖玉山譯	120元
⑧⑥預防運動傷害伸展體操	楊鴻儒編譯	120元
⑧⑧五日就能改變你	柯素娥譯	110元
⑧⑨三分鐘氣功健康法	陳美華譯	120元
⑨⓪痛風劇痛消除法	余昇凌譯	120元
⑨①道家氣功術	早島正雄著	130元
⑨②氣功減肥術	早島正雄著	120元
⑨③超能力氣功法	柯素娥譯	130元
⑨④氣的瞑想法	早島正雄著	120元

•家庭／生活• 電腦編號 05

①單身女郎生活經驗談	廖玉山編著	100元
②血型•人際關係	黃静編著	120元
③血型•妻子	黃静編著	110元
④血型•丈夫	廖玉山編譯	130元
⑤血型•升學考試	沈永嘉編譯	120元
⑥血型•臉型•愛情	鐘文訓編譯	120元
⑦現代社交須知	廖松濤編譯	100元
⑧簡易家庭按摩	鐘文訓編譯	150元
⑨圖解家庭看護	廖玉山編譯	120元
⑩生男育女隨心所欲	岡正基編著	160元
⑪家庭急救治療法	鐘文訓編著	100元
⑫新孕婦體操	林曉鐘譯	120元
⑬從食物改變個性	廖玉山編譯	100元
⑭藥草的自然療法	東城百合子著	200元
⑮糙米菜食與健康料理	東城百合子著	180元
⑯現代人的婚姻危機	黃　静編著	90元
⑰親子遊戲　0歲	林慶旺編譯	100元
⑱親子遊戲　1～2歲	林慶旺編譯	110元
⑲親子遊戲　3歲	林慶旺編譯	100元
⑳女性醫學新知	林曉鐘編譯	130元

㉑媽媽與嬰兒	張汝明編譯	180元
㉒生活智慧百科	黃　靜編譯	100元
㉓手相・健康・你	林曉鐘編譯	120元
㉔菜食與健康	張汝明編譯	110元
㉕家庭素食料理	陳東達著	140元
㉖性能力活用秘法	米開・尼里著	150元
㉗兩性之間	林慶旺編譯	120元
㉘性感經穴健康法	蕭京凌編譯	150元
㉙幼兒推拿健康法	蕭京凌編譯	100元
㉚談中國料理	丁秀山編著	100元
㉛舌技入門	增田豐　著	160元
㉜預防癌症的飲食法	黃靜香編譯	150元
㉝性與健康寶典	黃靜香編譯	180元
㉞正確避孕法	蕭京凌編譯	130元
㉟吃的更漂亮美容食譜	楊萬里著	120元
㊱圖解交際舞速成	鐘文訓編譯	150元
㊲觀相導引術	沈永嘉譯	130元
㊳初為人母12個月	陳義譯	180元
㊴圖解麻將入門	顧安行編譯	160元
㊵麻將必勝秘訣	石利夫編譯	160元
㊶女性一生與漢方	蕭京凌編譯	100元
㊷家電的使用與修護	鐘文訓編譯	160元
㊸錯誤的家庭醫療法	鐘文訓編譯	100元
㊹簡易防身術	陳慧珍編譯	130元
㊺茶健康法	鐘文訓編譯	130元
㊻雞尾酒大全	劉雪卿譯	180元
㊼生活的藝術	沈永嘉編著	120元
㊽雜草雜果健康法	沈永嘉編著	120元
㊾如何選擇理想妻子	荒谷慈著	110元
㊿如何選擇理想丈夫	荒谷慈著	110元
51中國食與性的智慧	根本光人著	150元
52開運法話	陳宏男譯	100元
53禪語經典<上>	平田精耕著	150元
54禪語經典<下>	平田精耕著	150元
55手掌按摩健康法	鐘文訓譯	180元
56脚底按摩健康法	鐘文訓譯	150元
57仙道運氣健身法	高藤聰一郎著	150元
58健心、健體呼吸法	蕭京凌譯	120元
59自彊術入門	蕭京凌譯	120元
60指技入門	增田豐著	160元
61下半身鍛鍊法	增田豐著	180元

⑹表象式學舞法	黃靜香編譯	180元
⑹圖解家庭瑜伽	鐘文訓譯	130元
⑹食物治療寶典	黃靜香編譯	130元
⑹智障兒保育入門	楊鴻儒譯	130元
⑹自閉兒童指導入門	楊鴻儒譯	180元
⑹乳癌發現與治療	黃靜香譯	130元
⑹盆栽培養與欣賞	廖啟新編譯	180元
⑹世界手語入門	蕭京凌編譯	180元
⑺賽馬必勝法	李錦雀編譯	200元
⑺中藥健康粥	蕭京凌編譯	120元
⑺健康食品指南	劉文珊編譯	130元
⑺健康長壽飲食法	鐘文訓編譯	150元
⑺夜生活規則	增田豐著	160元
⑺自製家庭食品	鐘文訓編譯	200元
⑺仙道帝王招財術	廖玉山譯	130元
⑺「氣」的蓄財術	劉名揚譯	130元
⑺佛教健康法入門	劉名揚譯	130元
⑺男女健康醫學	郭汝蘭譯	150元
⑻成功的果樹培育法	張煌編譯	130元
⑻實用家庭菜園	孔翔儀編譯	130元
⑻氣與中國飲食法	柯素娥編譯	130元
⑻世界生活趣譚	林其英著	160元
⑻胎教二八〇天	鄭淑美譯	180元
⑻酒自己動手釀	柯素娥編著	160元
⑻自己動「手」健康法	手嶋昇著	160元
⑻香味活用法	森田洋子著	160元
⑻寰宇趣聞搜奇	林其英著	200元

•命理與預言• 電腦編號06

①星座算命術	張文志譯	120元
②中國式面相學入門	蕭京凌編著	180元
③圖解命運學	陸明編著	200元
④中國秘傳面相術	陳炳崑編著	110元
⑤輪迴法則（生命轉生的秘密）	五島勉著	80元
⑥命名彙典	水雲居士編著	180元
⑦簡明紫微斗術命運學	唐龍編著	130元
⑧住宅風水吉凶判斷法	琪輝編譯	180元
⑨鬼谷算命秘術	鬼谷子著	150元
⑩密教開運咒法	中岡俊哉著	250元
⑪女性星魂術	岩滿羅門著	200元

⑫簡明四柱推命學	李常傳編譯	150元
⑬手相鑑定奧秘	高山東明著	200元
⑭簡易精確手相	高山東明著	200元
⑮啟示錄中的世界末日	蘇燕謀編譯	80元
⑯女巫的咒法	柯素娥譯	230元
⑰指紋算命學	邱夢蕾譯	90元
⑱樸克牌占卜入門	王家成譯	100元
⑲A血型與十二生肖	鄒雲英編譯	90元
⑳B血型與十二生肖	鄒雲英編譯	90元
㉑O血型與十二生肖	鄒雲英編譯	100元
㉒AB血型與十二生肖	鄒雲英編譯	90元
㉓筆跡占卜學	周子敬著	220元
㉔神秘消失的人類	林達中譯	80元
㉕世界之謎與怪談	陳炳崑譯	80元
㉖符咒術入門	柳玉山人編	150元
㉗神奇的白符咒	柳玉山人編	160元
㉘神奇的紫符咒	柳玉山人編	200元
㉙秘咒魔法開運術	吳慧鈴編譯	180元
㉚諾米空秘咒法	馬克・矢崎著	220元
㉛改變命運的手相術	鐘文訓編著	120元
㉜黃帝手相占術	鮑黎明著	230元
㉝惡魔的咒法	杜美芳譯	230元
㉞脚相開運術	王瑞禎譯	130元
㉟面相開運術	許麗玲譯	150元
㊱房屋風水與運勢	邱震睿編譯	160元
㊲商店風水與運勢	邱震睿編譯	200元
㊳諸葛流天文遁甲	巫立華譯	150元
㊴聖帝五龍占術	廖玉山譯	180元
㊵萬能神算	張助馨編著	120元
㊶神祕的前世占卜	劉名揚譯	150元
㊷諸葛流奇門遁甲	巫立華譯	150元
㊸諸葛流四柱推命	巫立華譯	180元
㊹室內擺設創好運	小林祥晃著	200元
㊺室內裝潢開運法	小林祥晃著	230元
㊻新・大開運吉方位	小林祥晃著	200元
㊼風水的奧義	小林祥晃著	200元

・教養特輯・電腦編號 07

①管教子女絕招	多湖輝著	70元
⑤如何教育幼兒	林振輝譯	80元

國家圖書館出版品預行編目資料

神通力的秘密/中岡俊哉著；許㥦纓譯
——初版，——臺北市，大展，民85
面；　　公分，——（超現實心靈講座；15）
譯自：神通力の秘密
ISBN 957-557-637-3（平裝）

1. 超心理學

175.9　　85010362

神通力的秘密

ISBN 957-557-637-3

原著者/ 中岡俊哉
編譯者/ 許㥦纓
發行人/ 蔡森明
出版者/ 大展出版社有限公司
社址/ 台北市北投區（石牌）致遠一路2段12巷1號
電話/（02）8236031・8236033
傳真/（02）8272069
郵政劃撥/ 0166955-1
登記證/ 局版臺業字第2171號

承印者/ 高星企業有限公司
裝訂/ 日新裝訂所
排版者/ 宏益電腦排版有限公司
電話/（02）5611592

初版/ 1996年（民85年）11月

定價/ 180元

大展好書 好書大展